会社を辞めたいと思ったとき読む本

門脇竜一
（かどわき・りゅういち）
人事研修コンサルタント

さくら舎

目次◉会社を辞めたいと思ったとき読む本

第一章　初めての会社

第二章　会社への疑問・不満

第三章　このままでいいのか

会社を辞めたいと思ったとき読む本

第一章　初めての会社

メーカーでいいやのざっくり条件で関西本社に就職

現在私は、企業研修で受講者の方に向けて、キャリア開発などのテーマを語る身ですが、自分自身の新卒時の就職活動ではキャリアビジョンも何もありませんでした。ただ、条件だけは身分不相応にハッキリさせていて、

一　関西本社であること（地元から離れたくない）
二　東証一部上場であること（安定していること）
三　金融機関以外であること

こんなことを考えていました。それに加えて、

四　営業はやりたくない

を、潜ませていました。三の条件なんて、銀行の方からは怒られますね。あくまでも私の

先入観です。預金集めの過酷《かこく》なイメージから自分には到底、無理と思っていたのですね。
かくして、文系学生の最大の就職先の金融機関を自分の就職先の対象から外していました。
他の条件もよくよく眺めてみたら、これでは、一部上場クラスの会社だと、たとえ関西本社であっても、関西以外の事業所が必ずあるので、地元から離れたくないという条件は崩れます。

すなわち、一と二は両立しない。四は、自らの可能性を大きく狭めています。営業以外の仕事をしたいために、簿記《ぼき》の資格をもっているとかであれば、まだ説得力もあったのですが、大学時代はのんびり過ごしてしまい、そういうこともしていませんでした。なんとも勝手な言い分でした。

結局、私が明確に決めていたのは、会社員になるということだけで、できれば（自分にとって）条件のよいところに勤めたいという、ただそれだけのための就職活動でした。

「就職」ではなく、「就社」です。どういう職に就くかということを考えず、それは、会社にお任せしますという選択をしていたのでした。にもかかわらず、入社した後は、自分の配属が気に入らないと不満をもつ。なんとも我儘《わがまま》な社会人だったわけです。

私が心底、本気で就職（職に就くということ）を考えだしたのは、会社員になってからでした。今、あらためて振り返ってみると、私が金科玉条《きんかぎょくじょう》のごとくもっていた条件は、なんとも青臭いものであったと恥ずかしくなります。 人に頭を下げたくないとの高慢ちきに満ちあふれています。

どういう職に就くかということを深く考えることもなく、極めて浅く考えていただけですから、その当時の就職戦線の売り手市場の環境のよさに助けられて、運よく自動車メーカーのダイハツ工業に入れたものの、そこから入社後になって、ようやく本来の意味での「就職」ということを深く考えだすと、その途端に、自らが身を置いている環境が自分に合わないことを実感してしまったのでした。

とはいえ、身を置いているのは一部上場の巨大企業、好不況の波はあれどそう簡単には潰《つぶ》れない会社です。先はどうなるか分からないにしても「一生、食っていくことのできる勤め先」ではありました。

たいていの方々は、この環境の中で、やりがいを見出し、「定年まで」とか「○○歳まで」とか期限の設定をしながら、なんとかかんとか折り合いをつけていくのですが、勤める中でそうはいかない自分が育っていきました。

「条件は悪くないし、まっ、いいか」は危険です。条件は悪くないは、たいてい（世間一般としては）のカッコ書きがついています。（自分にとっては）のカッコ書きに変えて見つめ直すことが必要なのでした。

浅はかな考えで進めていた私の新卒時の就活でしたが、実は、そんな中でも、自分にとっての最適解を見つけだそうとはしていたのです。

私が、密かに抱えていた条件の中に「公共性」というものがありました。実はこのころ、関西本社のある私鉄の会社の選考も進んでいたのでした。自動車会社の内定をもらった私は、この会社に断りの連絡を入れたのでした。先方の対応者が電話口で「えーっ！」と驚いた声を上げたのを今でも昨日のことのように覚えています。

こういう思い出話は自分に都合のいいように脚色しがちですが、私はこの採用選考、自分は「イイ線いっていた」のではないかと思っています。選考段階は次が準決勝といったところでした。筆記試験は通過していました。最後は×《バツ》だったかもしれませんが、いけるところまでいっておくべきでした。

自動車会社の採用プロセスの中で、お世話になった方々への義理を優先させたのでしたが、あとで、大いに悔やみました。「あのとき、……したら」の思いにさいなまれた訳です。人間、やれるところまでやっておかないと、今の環境で嫌なことが起こったときに、必ず、「あのとき、あの環境にいっておけばよかった」と、いけたかどうだか分からないのに、後悔してしまうものです。

ところが、人生はおもしろいもので、後年、独立開業して、研修関係の仕事をしていた私に、この会社と接点をもつ機会が訪れました。仕事を発注する側と発注される側との関係ではありましたが、何回かのやりとりをすると、この会社とは、肌合い、空気が合うかを確かめることができます。そこでの感触は「ここは私には合わない」でした。詳細は控えますが、結局、それ以上進むことはなく、私にとっては不快感しか残らない結末でした。「こちらはそちらのお客さんにもなることがあるんだぞ！」と言いたくなるのをぐっと堪《こら》えたものでした。そんな私ですから、もし、入社していたとしても、どこかに転職していたかもしれません。とはいえ、皮肉ではなく、昔の学生時代の就活上の引っかかりがとれたのは有り難いことでした。

今、あらためて振りかえってみれば、その当時、この会社の就職試験の際に、たとえお世話になった人の義理を欠いてでも受験をしなかったというのは、自分の心の奥底に「そこまでしなくても」とブレーキがかかっていたような気がします。頭で考えていても、感じるのは体です。体が動かないというのは、それ自身が立派な結論です。ただし、その訳が分かるには時間がかかる場合があるということなのです。

車なんか全然好きじゃないのに自動車会社に入社してしまい

最初の職歴というのは案外、大事です。このことは、一般の求職者には、意外に気づかれにくいのですが、転職界では注目のところです。学校をでて、すぐにどの会社に入ったのかというのは、入社試験の突破力を示していますし、また、これは、別の見方をすれば、どこで新入社員教育を受けたのかを明らかにするものでもあります。

偏差値《へんさち》を重要視するような見方は転職界でも顔をだします。大きな会社、人気のある会社は競争率が高い。そこを打ち破って、入社を実現するには、門前払《もんぜんばら》いをされない学歴と筆記及び面接試験をクリアする力、人物評価に決定的な「×」をつけられないこと、これらの力を総合的に兼ね備えていること。そして、ただもっているだけでなくて、面接官が合格を認めるレベルまで、これまでの職場の中で、発揮《はっき》されていなければなりません。これを証明するのが職歴です。

知名度のある会社に勤めていると、自分に対する信頼度は、その実力を問われる前でも知名度に比例して備わります。「へぇーっ、〇〇〇さんにおられたのですか」この中の「〇〇〇」がたとえば、三菱商事だとか、新日本製鐵（現在は新日鐵住金）、三井住友銀行など、誰でも知っている社名なら、それを聞く相手の反応は明らかに違います。

かくいう私の職歴のスタートは大阪に本社を置く自動車メーカーでした。自動車の製造と販売をしている会社です。テレビでＣＭをよく放映していますので、知名度はあります。

今は、トヨタ自動車の完全子会社となりましたが、これとて、「トヨタグループの……」と言えば、社名の前のその冠《かんむり》だけで、たいていの人にはネームバリューがあるということは通じます。私の勤めている会社を知らないとしても、トヨタを知らない人はいないですからね。

正直な話、「どちらにお勤めですか？」と訊《き》かれて、答える社名としては、決して悪くないものでした。悪くないどころかかなりよかったです。私もその社名を答えたら、ほぼ間違いなく、「いい会社にお勤めですね」と言われていました。通《つう》の人は、「ディーラー（販社）ですか？」とも訊いてきます。「いいえ、メーカーの本社です」と答えようものなら、「そうですか、メーカーのほうですか！」と、よい勤め印にゴールドがかかるような感じになっていました。誤解のないように申し添えておきますが、これは何も販売会社を馬鹿にしている訳ではありません。規模はどちらがデカいかということを優先しているのです。

日本の会社世界のヒエラルキーは、いちばんデカい本社を最上級として、その子会社、関係会社と規模をにらみながら、あとに続くという構図になっています。どこの大企業も似たり寄ったりの同じような構図なのですが、本社のお偉いさんが、関係会社にいくと、その会社の生え抜き（「プロパー」と呼ばれる）を追い抜いて、上位のポストを占めます。

私がいた世界も本社の課長・次長・部長になった人間が、全国の販社や関係会社にいって（たいてい出向《しゅっこう》というカタチ）、その会社の取締役以上の役職に就いていました。私の同期のひとりは本社の部長職になったあと、出向して、ある県の販売会社の社長になっていました。

私も文句をこらえて我慢して勤めていれば、今ごろは、「どこかの関係会社で社長をやっていたかもしれなかったかな」なんて、思うこともない訳ではないのですが、そんなことはこの会社に一〇年も勤めることもしないでスピンアウトした者が言うことではありません。その点はよく自覚しております。

注視すべきは、いろいろあれども世間一般の客観的な見方としては決して悪くはない就職先をなぜ未練ゼロで辞めることができたかということです。その訳は、転職後の日々の積み重ねの中ではっきりと分かりました。

私、自動車会社に入社しながら、実は、車が全然、好きじゃなかったのです。移動は電車派です。どちらかといえば、鉄道のほうが好きだったのです。

このことが退職後、鮮やかなくらいにクリアになりました。消費財をつくるメーカーに勤めていながら、その製品が好きじゃないというのはロマンを感じずに無機質な仕事をしてしまうことにつながります。

単に車が好きではなくても、「自分がかかわる車づくりが、日本の陸運に貢献《こうけん》している」だとか、「豊かで便利な市民生活に寄与している」なんて考えができれば、ロマンやら使命感は生まれたでしょうが、どうもそうはなりませんでした。

「どこがおもしろいんだか」と思ったり、「また、モデルチェンジか、対応がめんどうくさいな」だとか感じていました。

ロマンも何もあったものじゃありません。メーカー社員にはあるまじき姿ですが、このあとプラントエンジニアリングの会社に勤めていたときは違っていたのです。自分が営業で獲《かく》得《とく》した設備の誇らしいこと。関西の西名阪《にしめいはん》道路沿いにある工業団地の中にある食品会社から受注して建設した焼却炉《しょうきゃくろ》があったのですが、家族でドライブ中にこの道路を走ることがあると、これが目に入るのです。

「あれ、お父さんの納めた焼却炉やで」と、何度言ったか分かりません。子どもたちは、「またか」と何回目からかはもう聞いていませんでした。その焼却炉は何年か経《た》つうちになくなっていたのですが、私の思い入れはそんなこととは関係なく何年経っても色褪《あ》せないものとなっています。

こんな私ですが、今は、自動車メーカーならびにその関連業界の会社の研修には、研修講師として、よく馳《は》せ参《さん》じさせてもらっています。「あんた、車、嫌いだったんでしょ！」と不思議がられそうですが、私は、車は好きではなかったのですが、車をつくるために、また売るために汗をかいている人は大好きだったのです。だから、そういう人を応援する研修講師の仕事は自然に力が入ります。ものづくりに携《たずさ》わる方々の愛おしいこと。

会社の好き嫌い、仕事の好き嫌いはすぐには分かりません。確かめるためにはある程度の年月を費やした体験が必要です。自動車そのものをつくるのは好きになれなくても、自動車をつくる人は好きになるなんて、自動車会社に勤務していたときの私にはまったく想像もできないことでした。

仕事のせいで辞めたいのか、人のせいで辞めたいのか

サラリーマンが会社を辞めたくなる大きな理由のひとつに、人間関係によるものがあります。

いきなり断言してしまいましたが、考えてみてください。職場の人間関係は極めて良好。信頼できて、尊敬できて、能力・識見《しきけん》ともに優れ、魅力にあふれる上司、部下に、先輩、後輩ばかり。こんな職場がどこにあるでしょうか。それは理想郷《りそうきょう》というもの。どこの会社でも、どうやっても好きになれない人がひとりやふたりはいるもの。それが現実というものです。

「サラリーマンの給料は、私生活ではまずつき合わないような人と仕事をしていく我慢料だ！」

こういう表現に、昔出会って、私も「そりゃ、そうだ！」とひとり深くうなずいたことがあります。

今だから言いますが、転職を重ねていろいろな職場を渡り歩いた私ですが、どの職場でもひとりやふたりは、許されるなら、ぶん殴ってやりたい奴はいました。ぶん殴るどころか、

有志《ゆうし》でお金を出し合って、必殺仕事人（そんなのはいないけど）に頼もうかと真顔で相談し合ったこともありました。

会社を辞めたいとの気持ちがむくむくと湧き出てきたときには、「この仕事は自分には合わない」なんてことを言いながら、実はその嫌さの要素の中には、人間関係の悪さが混じり込んでいるものです。仕事も嫌だけど、実は一緒に働く人も嫌というやつです。

「自分は営業なんかやりたくなかったのに、この会社で営業をやらされている。自分はこのまま営業をやりたくはない！　ホントは経理の仕事がしたいのだ」こういう人が、一念発起《いちねんほっき》して転職し数多《あまた》の困難を乗り越えて、念願の経理の仕事に就いたとします。このあとは、バラ色かというと、そこは変人の巣窟《そうくつ》だったということもあるのです。

人の問題は転職先でも勃発《ぼっぱつ》します。このようなときには、「念願の経理の仕事に就けたのだ。何があっても、耐え抜くぞ。経理のプロになるその日まで」というような心持ちで続けていければいいのですが、こういうのは口で言うのは簡単ですが、実行はなかなか難しいものです。たいていは、途中で嫌になってしまいます。しかも転職間もないころは、相手によくなるように変わってもらうための影響力はもってはいません。どこの会社でも新参者《しんざんもの》の最初は微力《びりょく》です。自分の好きなように、すぐにどうこうはできないものです。

会社を変わったとしても、人の問題はぶり返します。転職候補者との事前折衝《せっしょう》の中で（いわゆる中途入社の採用選考です）、仕事のマッチング審査はよくやりますが、仕事を一緒にする相手とのマッチング審査はあまり綿密にはやらないものです。だいたい、入社後に一緒に仕事をするすべての人と面談するなんてことはできませんから。

もちろん、まったく肌合いが合わなそうというのがすぐに分かるレベルなら、求人側からストップはかけますが、やっかいなのはそこまでとは判断しにくいレベルです。

こういうときは若干の違和感があっても、人員不足を埋めることができる可能性を前に、人事マンはブレーキをかけられないもの。たいていはそのまま前進してしまいます。人手が必要で採用したい側と、転職して会社にきたい側は、目に見えて大きな問題があればいざ知らず、そうでもなさそうなら、前に進む動きは止められないのです。かくして、気にはなりながらも、新戦力候補は、入社と相成《あいな》ります。

そして、入社後に、採用選考の際に、なんとなくあったしっくりこない感情が実感を伴いだしたら、もういけません。求職側も、入社後に一緒に働くことになる上司や同僚ひとりかふたりに会っていて、「こりゃ、なんとかなりそうかな」と判断していても、社外の人が社内の人になり、しかも自分の上司だあるいは部下だというように関係性が設定されれば、様《よう》相《そう》が変わるというのはよくあることです。

「ありゃりゃ、この人、こんな人だっけ」というような想定違いは続々とでてくるものです。他にも入社前には知らなかった想定外のキャラ（他の社員たち）が続々と登場します。みんな、新参者のあなたの味方とは限りません。

新卒入社の場合は、まわりは皆、その新人の応援者です。サポーターといってもいいですね。中途入社の場合は、そうではありません。敵陣のど真ん中に、パラシュートで降下していくようなものと考えておくのが現実的な心構えです。

学歴至上主義のいやらしさ（悔しかったら入ってみろと言われても）

世の中、学歴に異様にこだわる会社があるのは事実です。

こういうときは現実論でいったほうがよい。あなたが使える学歴をもっているのなら、ぜひ活用を考えたらよいでしょう。あなたが苦労して手にしたものです。まだまだ十分に活用し切れていないなら使ったほうがいいです。逆にそういうものをもっていないのなら、このような学歴に拘《こだわ》る会社には絶対にいかないことです（もし、不思議にも、受かってしまっても、いかないことです。いったあとで嫌になります）。

私が勤めていた会社でこういうカルチャーにどっぷり漬かっている会社がありました。私が自分の常識とは違うぞという違和感があったのは、役員連中が社員のことを語るときの癖でした。

「あぁ、早稲田の○○くん」とか「慶応の○○さん」「府大（フダイ＝大阪府立大）の○○くん」「市大（関西ではイチダイという＝大阪市立大学）の○○さん」という表現が頻繁《ひんぱん》に登場します。人と学歴はセットとの認識なのです。しかも学歴が登場するのはある程度以上の入学難易度の高い学校のみなのです。早慶はもちろんのこと、国公立大学、中でも旧帝大は大スターでした。その中でも関西でのキングはなんといっても京大でした。

私から見てもバリバリ活躍しているとはいえない人が、若くして管理職の地位に就いていることがありました。素朴に疑問に思って、当時の上司に尋ねてみたときの回答は今も耳に残っています。

私「Aさんは、えらい若い次長なのですね」

上司「彼は京大やからな」

私「何か、特別な能力をもたれているのですか」

上司「京大やからな。社長が何かできるはずやと採用しはったんや」

私「えっ、それだけですか？」

上司「そうや！」

私はもうそれ以上は、何も言いませんでした。このAさんもたいへんだったと思います。京大出身というだけで、地位を与えられて、自らの能力以上の職責《しょくせき》を負わされていたのですから。工学部以外出身の専門違い、今まで機械の設計などしたこともなかったのに、プラントエンジニアチームの管理職ですから、その苦労は想像に難《かた》くないところでした。ちなみに、このAさん、偉ぶるわけでもなく、温厚で礼儀正しい方でした。

若手の社長秘書（女性）の口のきき方がなっていないと、ある管理職が注意をしたときの逸話《いつわ》も忘れられません。どこでどうなったのかこの一件が社長の耳に入り、この管理職が呼ばれたのです。社長はなぜそんなことを言ったのかと詰問《きつもん》したようで、管理職は理由を述べたのですが、社長は余計なことはするなとのお達しでした。ここで終わっておけば、よかったのですが、続きの話が巻き起こってしまいました。

管理職「でも、必要なことは指導しておいてあげたほうがよろしいかと」

社　長「君からは言わんでもええ。彼女は慶応やからな（だから言わなくても分かるからとのニュアンス）」

管理職「慶応といっても……」

社　長「君なぁ、悔《くや》しかったら入ってみぃ」

この話は瞬《また》く間に社内を駆けめぐりました。これだけ書くと社長がとんでもない人のようなので、少し補足《ほそく》をしておきますと、「苦労して、今までの社員と違う資質《ししつ》をもった、大きく成長する社員を採用できたのに、旧来の間違っているかもしれない指導を入れるな」との意図が込められていたようです。ただ、これは明確な言葉で語られていない文脈の理解でして、細かい事情説明の部分がなかったことから、昨今よくあるマスコミの切り取り報道のようになってしまったという訳でした。

さてさて、そんなこととは露知《つゆし》らず、この会話を現場でリアルに聞いていない私たちに届いてきたのは社長が「悔しかったら、慶応に入ってみろ！」と言ったということだけでした。件《くだん》の女性秘書は、まわりから生意気《なまいき》な奴と思われていたのが、さらにヒール度（悪役度）がアップしたのは否《いな》めないところでした。ちなみにこの会社、社長の出身地の関係からか三重大学のブランドもそれは高いものがありました（もちろん、歴史ある国立大学であります）。「三重大はうちでは東大みたいなものやからな」とは、ベテラン社員の当社を語る有名な語《ご》録《ろく》のひとつでした。

ちなみに、私の出身校は一切その恩恵《おんけい》に与《あずか》ることはありませんでした。社長の認識では、関西の私学はあまり興味がないようでした。よいとか悪いとかではなく、そういう価値観だったということです。とはいえ、社員の実力を全然度外視《どがいし》している訳ではなく、有名ではない学校の出身者でも堅実に仕事を仕上げている者については、昇進は認められていました。そういえば、結果としては、私もそのひとりに入れてもらっていたようです。

当たり前の話ですが、入社したあとは、当人にとっては、もうどうしても変えられない出身地やら学歴やらで評価してほしくないものです。ところが入社前は、その会社独特の価値観に関する情報はなかなか入手しにくいものです。転職志望者にとっては、こういう情報の重要度は極めて高いのですが、入手の難度はその高さを凌《しの》ぎます。

完全週休二日制とただの週休二日制は似て大きく非なるもの

人間、頭で分かっていることと、体で分かっていることとは全く違うもの。こういうことを言うと、それこそ何か分かったような分かっていないような雰囲気《ふんいき》が漂《ただよ》います。

株式上場会社であること。ある程度の規模を持つ安定した会社。自分の働く会社にこういう絶対条件をつけていた私は、ある日、この条件を外します。外してでも、自分のやりたい仕事をやることを優先させたのです。そして、ご縁があって、ある外食チェーンの本部で、人事の仕事をすることになりました。この会社はシフト勤務で週休二日制でした。店舗は土曜日も日曜日も営業していますから、本部でも誰かは出勤していないといけません。

本部のスタッフの休日は本部の中で相談をしながら、翌月のシフト、つまり休日を決めます。それまで年間カレンダーで一年前から休日が決まっている環境にいた私としては、それはそれで新鮮なものでした。さて、入社して、数ヵ月が経ったときに、今、自分が置かれている実態《じったい》が明らかになりました。ようやく、実感したといってもよいでしょう。

それは、

・休日は四週で六休

・連休は取りたいけど、みんなが取りたいから取りにくい。取れても、せいぜい、月に一回ぐらいがいいところ。

それまでは、休日出勤がたまにあるとはいえ、

・休日は土・日　四週では八休

・休日は必ず連休

というのがふつうでした。

私は、このような所謂《いわゆる》、完全週休二日制の世界からの転身だったのでした。今までどんなに望んでいても叶わなかった人事部門の仕事にようやく就けた！　こんな気持ちの中で、休日の説明は採用試験の際には聞いてはいたのですが、当時の私には「八休が六休になるのか。ちょっと減るけど、まぁいいや」ぐらいの認識しかなかったのです。

さて、そのあと、どうなったかといいますと、これが体験してみると嫌というほど違いを実感させせられました。しんどい。どうにも疲れがとれないのです。リズムがつくれない。また、せっかく決めた休日シフトでも、会社としてはどの日も動いているのと、仕事の急な事情から、出勤を余儀《よぎ》なくされることも少なからずありました。

その場合も休日出勤扱いとはならず、後日に、単なる休日の振替となるのでした。細かい話ですが、以前はあった休日出勤手当もなく、しかもその振替休日はなかなか取れないと実質、休日減になってしまいます。現実はこのようになってしまいがちなのが実情でした。

そうこうしているうちに、入社してしばらく経って、私は課長を拝命《はいめい》したのです。管理職の一員となった訳でして、もう我儘は言えない立場となりました。課長になるというのは、「入社時にそういうつもりで入ってくれ」という話で、私も覚悟というか理解していた話ではありました。

三人の子どもたちは、まだ小学校低学年に幼稚園。この状況もきつかったです。日曜日が休みとは限らないから、子どもたちの学校の行事に行けないのです。これで、給料がぐーんと上がっていれば、我慢してくれている家族に報《むく》いることができたのですが、これがそうではなく、それどころか、大幅減ときては、合わす顔がないという事態に陥っていったのでした。

これ、別に、この外食チェーンの会社の悪口を言っている訳ではありません。今までできていたことを、自分の考えで環境を変えてしまって、できないようにしてしまったという事例として挙げているのです。この外食チェーンのある部長の言った言葉が耳について離れませんでした。

この方はその当時、すっかり白髪の五〇代半ばぐらいの方でしたが、しみじみと「わし、若いときは一度も子どもの運動会は行ってやれへんだわ。いつも店の営業があったからな。あれは可哀《かわい》そうやったな」。事務所での雑談のときでしたか、このように言われていました。そういう労働環境で成り立つ世界を理解せずに、私は飛び込んでしまったのでした。

今、思い出しても、これまでの人生でいくつかある「嫁さんに苦労をかけた話」の大きな項目の立派なひとつであります。

やっぱり、連休はいいものです。一日は疲れをとって、もう一日で休日じゃないとできないことをやる。それがリフレッシュにもつながります。報酬《ほうしゅう》が恵まれていたとしても、ほとんど家にいないパパとママで家庭は幸せなのか。そういうことも併せて考えると、これはまさしく働くための基本条件でした。せっかく会社勤めをするのですから、これはなんとしても守るべきでした。

「あなたの好きな仕事ができるのならいいよ」と言ってくれた妻の顔が、その会社に転職後、みるみる曇《くも》って翳《かげ》っていく様子がとてもつらかったです。家族をもっと幸せにするための転職だったはずが、結果としては、自分だけがよければで、（しかも結局、自分もよくはなっていない）家族を不幸せにするものとなっていたのでした。

「やっちまった！」と感じてしまったときは、その転職はあなたにとって成功とはいえなくなっているのです。

休みを減らして、給料を減らして、それでも「好きな仕事ができているからいいじゃないか」、こういう考え方は、家族もちの人がもってはいけません。家族の応援があってこその転職の成功です。独身であっても、そこまでしての犠牲を払って、それを上回るものを得られない転職であれば、それは大失敗です。自らの失敗を深く悟った私は、一年ほどしか勤務していませんでしたが、早期の再々転職を決意します。この状態では、私の家族は幸せにできないと確信をもったからです。「ええっ、また〜」の声だとかまわりへの迷惑など気にならないといえば嘘になりますが、どんな苦労があっても踏み越えていかなければと覚悟を決めたのでした。

本当にやりたいことって、そうは簡単には見つからない

私は「自分さがし」という言葉が嫌いです。「そんなもの、さがして見つかるものか」とさえ思っております。ことはそんな簡単なものじゃありません。

私は、「自分さがし」というものは、そのネーミングはさておき、職業に対する自分の志《し》向性《こうせい》、適合性《てきごうせい》を、具体的に確認をしていくことではないかと思います。いや、これでもまだ少し難しい言葉づかいです。分かりやすくするために思い切りかみくだきます。

要は、自分がその仕事を好きか嫌いか、やれそうか、やれそうにないか、そして、やりた

いか、やりたくないかを確認していくことです。ほら、こちらのほうが分かりやすい。すなわち、「自分さがし」とは、「自分が無理なく、自然にやれる仕事を見つけること」です。ただし、そんなに簡単に、すぐには分かりません。このことを確認していくためには、そのために必要な相応の体験を積み重ねないといけません。いわゆる修業です。

大体、こういうのは、頭で考えるというよりは、体と心で感じるものです。頭で無理に考えようとしても訳が分からない理屈を無理やりつくりだして、なんだか見つかったような形を取るようになったとしても、一時的なもので、すぐに「やっぱり、違うな」という気持ちになります。

もうひとつ、注意しておくことは、自分で自分に対して厳密に行う評価は、世間一般でよく言われる評価とはまったく別物と思える強さを備えることです。まわりの人から「あなたはいい仕事に就いている」だとか「そういう仕事ができるあなたは素晴らしい」といった声をかけられたとしても、それはその相手の人の意見でしかありません。

あなたが、誰かをマークしていたとして「あの人より恵まれているからこれでいいのだ」も何か違います。人と比べると感情の入り交じった相対評価になりますので、あなた自身の本音の判断を誤ります。とはいえ、日々の生活に支障をきたすような稼ぎでは、冷静にモノを考えるというのは難しいのも事実。日常で卑屈にならない程度の稼ぎは必要ですが（これは所帯もちになると相当難しい）、そこをクリアできる基盤ができると、あとは心掛けひとつで、有名大会社や有名団体、行政官庁に勤めている人を客観的に見ることができます。経済的に恵まれていないと、稼ぎの（自分より）いい職に就いているだけで、無条件によいように見えてしまうものです。

もし、あなたが中小零細企業勤務であって、これこそ自分の適職だというものに就いていたとしても、あの大会社に勤めている人よりはイケていないと感じてしまうのです。

大会社勤めのよいところは（別に私はこのコースを否定はしておりません）、さまざまな職種を体験できるところです。会社によっては、育成ローテーションとして、あえて、数年おきに異動させます。

参考までに、私の遍歴を、本邦初公開させてもらいますと、

1．自動車会社

①情報システム部でシステムエンジニア

この仕事は嫌いで、外注のプロの方々のサポートを得て、なんとかやれる程度、しかし、このあと上級レベルを求められるととても無理と自分で深く認識していた。

②販売会社（出向）で営業担当

大嫌いと思いきや、意外に好きになった。初級レベルとしては充分やれた。しかし、これをずっとやるということには困っている自分に明確に気づいていた。

③出向から復職後、部品部門（営業部門）で販売促進担当

好きになれるかと思いきや、ここの部門の方針と相容《い》れず、嫌いな仕事にすぐになった。やれることはやれていたが、会社全体への不信にもつながり転職を決意する。

2．産業機械会社（プラントエンジニアリング）

①民需部門（民間企業が対象）で営業担当

自分から飛び込んだ世界。専門用語は、最初はさっぱり分からなかったが、商売のダイナミックさに目覚めて、仕事のおもしろさに気づいた。

②官需部門（官公庁が対象）で営業担当

営業担当としての技量を買われて異動。しかし、仕事の内容が激変。とても自分が好きになれるようなものではなかった。退職を意思表明すると、別部門での異動も打診されたが、家庭の事情を考え、退職した。

3．外食産業チェーンの本部

①人事部門で採用・教育担当

発想を大転換し、会社の規模は問わず、やりたい仕事ができることを重視。念願の人事部門の仕事ができて、当初は大満足。しかし、実際に体験してみて分かるこの仕事のたいへんさを痛感。もっと好きになれて、もっとやれると思おうとしたが、労働条件の劇的な低下が家庭を直撃。家族にこれ以上の苦労はかけられないと再々転職を決意し、退職した。

4．化学会社

①総務部門で実務統括《とうかつ》者（係長）

好きになれる仕事として就いたが、採用・教育以外の労務の仕事に加えて、庶務・管財関係の総務の仕事が加わる。総務畑の仕事はなんとかやれるけど、好きにはなれないと痛感した。

②人事部門でチームの管理者（課長）

総務部門が総務と人事に分離となり、人事部に異動。好きになれる仕事に特化しながら、さらに技量を磨く。サラリーマンとしては、最良の環境だったはずが、実務担当者から管理者として立場が変わるにつれて、経営者の考えに沿うことに苦労しだす。自分の力を試してみたくなり、独立開業を決意し、退職した。

このようなものなのですが、自分で言うのもなんですが、改めて並べて振り返ると、いろいろと体験をさせてもらっていることが分かります。決して、今の職業（人材開発コンサルタント、研修講師）になることを企図していた訳ではなく、こうなって、今までの経験をすべて活用できる結果になっていますが、会社に勤めている間は、試行錯誤をひたすら繰り返している思いでいっぱいでした。でも、体験して実感できると、今後をよりよくするためにはどうしたらよいかを踏み込んで考えることができたのは事実でした。

「自分さがし」というより、「自分に合った仕事の確認活動」をしていたといったほうがしっくりきます。

ちなみに、今の私は好きな仕事に就くことができて、毎日が満ち足りているかというと、そのようなことはありません。そんな夢心地のような毎日ではないです。

クライアントからの要望にどう応えるか、それは苦労の連続です。でも、いくらしんどくても、何とかしようと思考を巡らしている自分を確認するたびに、「なんだかんだいっててもこの仕事が好きなんだ」ということを実感できています。踏ん張り力が自然に湧きでてくれています。

どんな困難にも向かっていこうとしている自分がいて、決して逃げようとしていないのは事実なのです。「好き」ということは、「決して嫌いにならないこと」とも言えます。こう考えると、今の私にはとてもしっくりくるのです。自分の心の奥底には「やりたい」気持ちがベースにあるので、もっとやれる自分になりたい自分がいつもいます。

その昔、情報システム部門に勤務していたころ、そのときの上司から「頼むから（部の方針である）情報処理技術者になってくれ」と言われて、「困ります」と答えていた私とはまったく別人なのです。上司からはその当時の国家試験「第一種情報処理技術者」の試験を受けるようにと、懇願《こんがん》されたのですが、「仕方ないですね。受けるだけですよ」と試験場で名前だけ書いて帰るような私でした。そのときの上司の方、ごめんなさい。なんともかわいくない部下でした。

適職診断は当てにならない

適職診断というのを受けたことがありますか。私にはその経験がありまして、外食産業で採用をやっていたときに、当時、仕事でつき合いのあった広告会社が提供してくれたものを受けました。さて、どういう結果だったかというと、経理が向いているとでたのです。

ハッキリ言っておきます。こういうのは当てになりません。だいたい、設問に対して、自分が適当に答えているだけの話です。しかも、答えるときには、「こういうのはこう答えておいたほうがいいんだよな」と別のキャラで答えている場合もあります。お金のかかるテストであれば、こういう類いのものはしっかりと監視していて、「信頼性に欠ける」だとか「疑義あり」というメッセージがでたりするのですが、簡易なテストではそういうのはでません。

私は、新卒で就職する際に、絶対にやりたくないという仕事がありました。それは、「営業」です。当時、いや今もそうですが、文系学部出身者の採用といえば、営業が主流だったのですが、私は、そこにはこだわりまして、事務系募集の会社を必死でさがしました。

表向きは事務系という採用でも、入社してから営業部門へというのはよくある話でしたから、OB訪問や説明会でも必死にそういったことはないかをチェックしたものです。そして、そんなこんなの甲斐《かい》もあって、ある自動車メーカーに就職をはたしました。

この会社、当時は、別に営業系として販売会社の幹部候補の採用をしていたので、私なりには、「この会社なら大丈夫！」と就職を決めたのでした。

ところが、入社後、この会社を取り巻く環境は変わり、会社の人事政策も変わります。ほどなく、なくなったと採用時には聞いていた事務系社員の販社への出向制度が復活することとなりました。事務系で入社して、まさかの情報システム部配属、ＳＥ（システムエンジニア）での出発だったのですが、この会社でのこの部門は、事務系配属部門だったのです。これはこれで嫌でしたね。

配属面接時には、管理部門、労務とか原価管理とかを希望していたのです。面接官からの「君は、机に向かってやる仕事は苦じゃないですか？」の問いかけに「はい！」と元気よく答えたことを今でもよく覚えています。今にして思うと、向こうは最初から情報システムを念頭に置いていたようです。こちらは、てっきり、情報システム以外の管理部門と想定していたのでした。まさに知らぬ間の「飛んで火に入る夏の虫」状態でした。人事と私との間での思惑は、鮮やかにズレていたのでした。

私にすれば、さんざん苦労をして、工業高専（五年制の技術者養成を目的とした高等教育機関）を中退して、苦労をして文系に転換して、経済学部を卒業して事務系として入社をしたのに、技術系の配属（人事は事務系と認識）を聞いたときは、その場に倒れ込みそうなショックでした。実は、もうこのときに、はっきりと会社を辞めることを意識はしたのですが、入社して三ヵ月の研修を受けてからの通達です。ここで飛びだしてもろくなことはないのは容易に想像できました。さすがにそこで辞める度胸はその当時の私にはありませんでした。

配属してからの日々は砂を噛むような毎日でした。ペーペーの新米担当者といえども、それなりの責任はあるので、自分に課せられた責務はなんとしてもはたさないといけません。担ったのは、工場の生産管理の情報システムでした。このシステムが不具合を起こすと生産ラインが止まるのです。また、完成検査のシステムも担当していましたが、ここでの不具合は、生産した車の出荷ができなくなります。

それまでの人生で経験したことのないとんでもない大きいプレッシャーと向き合うことがはじまったのでした。これを三年半ほど耐えたあとの次のミッションが、販売会社への出向でした。そう、あんなに嫌だったあの営業の仕事です。

生まれ育った関西を離れて、神奈川県の販売会社のある営業所の営業担当員として、自動車を売ること。これが私の生業となりました。このとき、つくづく思ったことは「会社というのは、自分がやりたくないことをやらせるところ」だということでした。またまた、嫌でしょうがない感情に包まれましたが、その当時の私はすでに妻帯者で、文句ばかりを言っている訳にはいきませんでした。

彼女（嫁さん）も自分の人生を激変させてまで、夫の転勤についてきてくれているのですから、そこは、我慢しなくてはなりませんでした。

出向期限は三年一ヵ月と決まっていました。最初は、カレンダーに毎日、過ぎた日に×をつけながら、「あと○○日経ったら帰れる」のカウントダウンばかりをしていました。

ここで私がやっていたのはいわゆる「どぶ板セールス」というもので、カッコいいオフィス街のスマートなビジネスビルにスーツをバシッと着て乗り込み、巧みに難しい商談をまとめあげるといったようなものでは到底なくて、ネクタイは締めてはいたものの、いつもブルゾンジャンパーを着て、車に乗って走りまわり、ルートセールス（＝決まった顧客を訪問する）がメインではありましたが、新規顧客開拓の名のもとに担当エリアの中で、顧客候補の方々のところに飛び込み（アポなし）訪問というのもよくやっていました。

私の部門は自動車販売業界の中で「業販」と言われるところで、街のモーター屋（整備工場）、中古車屋が相手でした。ちなみに、一般のお客様相手を「直販」と言っていました。

めげる気持ちをなんとか立て直し、元気よく、飛び込んでいっても、歓迎されることなんかまずありません。

「帰れ！」と言われたこともありますし、「あぁ、スズキさんね」と社名をわざと間違えられることもありました。カタログを受け取ってもらって、喜んで帰ろうとしたら、背後に「バサッ！」という音。びっくりして振り返ると、そのカタログをゴミ箱に投げ入れていたモーター屋のおやっさんの姿が目に入りました。

中でも、いちばんつらかったのは、無視されることでした。「こんにちはーダイハツです！」と何度呼びかけても、整備工場の中にいて、目の前で作業をしているのに、無視されている。これはつらかったです。嘘のようですが、水かけられて、「邪魔だ。帰れ！」と言われるほうが楽なんだと生まれてはじめて思いました。

私にとっての初体験のこのような営業現場は理不尽なことがとても多く、その前の情報システム部でのＳＥ時代とはまったく異質の嫌なことオンパレードでした。世の中、形は変わっても嫌なことの種類は星の数ほどあるのだと思いました。自分の意思を示すことも許されず、強制的に送り込まれた兵士のごとく、「どうしてこういう目に遭わされるのだ」と己の身の上を嘆《なげ》いておりました。

ところが、そういった年月の流れの中で、人間は変わっていく部分があるからおもしろいものです。いつごろからか、営業の仕事がおもしろくなっている自分が現れだしたのです。

いつしかカレンダーの×印は「あと〇〇日経ったら帰れる」から「帰らないといけない」というものに意味合いが変わっていました。自分では絶対向いていないと思っていた営業の仕事が実はそうではなかったということでした。自分でもそれは驚きでしたが、それが真実だったのです。

かつて、あれだけやりたいと自分で思っていた経理の仕事ですが、後年、別の会社で総務部のスタッフとして、同じフロアで、経理部の仕事を垣間見ることができました。

経理とは単に計算して帳簿づけしている仕事だけではないのです。関係各部門との折衝があるのです。お金に関わりますので、どの折衝もたいへんです。

財務関係では、資金調達のために神経を遣う銀行との折衝があります。私はこの「財務」という仕事があることをそれまであまりイメージできていなかったのです。でも、よく考えたら、会社で必要なお金は勝手に湧きでてくるものではありません。誰かが必要な資金を調達しなければならないのです。どこからかというと、それは金融機関に他なりません。

この折衝には、営業のセンスが大いに必要です。資金の調達成否は企業の命運が懸《か》かります。生半可《なまはんか》なやりとりでは済みません。詰まるところ、私は仕事を表面的なイメージのみで捉えて、その本質が何も分かっていなかったのでした。

どんな仕事でもその本質の一端でも知るためには、ある程度の密度の濃い体験が必要です。「石の上にも三年」という言葉は、そういった意味もあるのではないでしょうか。

分かるけど好きになれない仕事、分からないけど好きになれそうな仕事

とにもかくにも、営業の仕事が大好きな人で、いろいろなものを扱いたいという人はさまざまな業界の営業の仕事を渡り歩くことに興味をもちます。残念ながら、私は営業の仕事は好きにはなりましたが、そこまでのレベルにはいかなかったようです。

私は、いわゆる消費財と生産財、二種類のものの営業を体験することができました。消費財は自動車。生産財は、産業機械、プラント（生産設備）でした。消費財というのは、一般大衆の消費者向けですから、何より扱っているものの大枠は分かりやすいものです。確かに「自動車」と言われて、「自動車というのは何なのですか？」と怪訝《けげん》な顔をする人はいませんものね。

私の場合は、この自動車の営業をしていたころ、自分が売っているもの（自動車）については、分かるし、説明もできるのですが（メーカーの販売部門から詳細な資料が提供されます）、どうも好きにはなれませんでした。

かたや、生産財、これは一般消費者向けではなく、専門業者向けです。これを売っているとき、たとえば、どのようなものを売っていたかというと、「排水処理装置」「脱臭機」「汚泥処理設備」「スナック菓子製造設備」だとかこういうのを扱っていた訳です。

こういったものの詳細なんてとても説明はできませんでした。お客さんはどういう人とかいうと、企業の生産技術関係の方々で、その分野の専門家ばかりです。詳細な説明は、自分の会社の技術者を連れていきます。自分が売っている製品のことは細かくは分からないのですが、製品が好きか嫌いかで言うと、これがどうも嫌いではないのです。

自動車を売っていたときは、製品の細かいところまではある程度は分かるのですが、それでも、どうにも好きにはなれない自分が常にいました。どちらも私なのですが、この両者を体験してみると、「なんでだろう？」と、なんとも不思議な感覚がありました。

自分が好きになれないものを売るのはなかなか骨の折れることです。そこを割り切って、ひっかかることもなく、やれる人はいいのですが、そうではない人は、苦しみます。少なくとも楽しさを感じることはありません。

入るのが難しかったら、よい会社とは限らない

「これからはどういう会社がいいですか？」今のような仕事をしているとときどき、訊《き》かれることがあります。でも、正直な話、この質問に答えることは本当に難しい。

はたして、私も自分の子どもの就職活動のときに、どうアドバイスしたものか悩みました。ハッキリ言って、本当によくは分からないのです。

私が就職活動をしていた今から三〇年ほど前の一九八五年でも、その昔、隆盛《りゅうせい》を誇った「糸へん」の会社（繊維関係）が衰退《すいたい》して、「金へん」の会社（鉄鋼・金属関係）が発展をしているという変化が起きていました。銀行界は、今は、三大メガバンクですが、これが昔、とぎん（都市銀行）なんて呼ばれていたころ、なんとその数一三もあったのです。

長期信用銀行として、日本興業銀行（興銀）、日本長期信用銀行（長銀）、日本債券信用銀行（日債銀）というのもあったのです。これらは、当時は文系学生にとっては入社最難関クラスの就職先でした。ちなみに、この三行、今は存在しません。興銀はみずほ銀行になってしまいました。

就職試験を学校の入学試験のように捉《とら》えるのは危険です。現在入るのが難しいというのは、それだけの人気があるということではあるのですが、いつまで続くのかという疑問をもつことが必要です。逆に、今、さっぱり人気がなくて入りやすい会社が未来永劫そのままの状態かというと、そうとも言い切れないのです。どんな大企業でも最初は小さなベンチャー企業です。入るのが難しいからよい会社であり続けるとは限らないし、入るのがやさしいからといって、大したことない会社であり続けるとも限らないのです。

「なぜ、あなたはその会社を志望するのか？」入ったあとの世間体だけで決めるのは極めて危ない話です。それではあなたは自分の頭で何も考えていないのに等しい。就職試験を突破するためのプレゼンテーションに磨《みが》きをかけるのはいいでしょうが、他人に対して発することはしなくてもいいから、本音の思いを言葉にしてみることをお勧めします。それが、「どこにお勤めですか？」「○○社です」「へぇー、それはすごいですね」とただ、それを言われたいがためであったなら、入社できたとしても絶対に長くは続きません。本音の高いレベルで、自分にとって合っているところなのかどうかという吟味《ぎんみ》がしっかりとはされていないのです。

入社後に「こんなところとは思っていなかった」という苦い感触とともにザクザクと合わない感じが出てきます。

入学難易度の高い学校を出て、世間的に一流と言われる会社をいとも簡単に辞める人がいますね。これは、堪《こら》え性《しょう》のない人という見方もありますが、会社との不適合性に気づいた人という見方もあるのです。

会社というのは知らぬ間に誰かが支えてくれ、誰かが足を引っぱる

勤めている会社で不祥事が起きる。マスコミで叩かれる。こういうことが起きると、その関係部署以外の人は気分がめいります。「一体、何やっているんだよ！」と腹も立つことでしょう。これがいわゆる、足を引っぱられている感覚です。

脱サラして自営ワールドにいった私からすれば、サラリーマンは不利益を被《こうむ》ったときは騒ぐが、恩恵《おんけい》を受けているときは何も感謝しない生き物に見えます。自分が病気になって、会社を休んで仕事ができなくても、誰かが代わりをしてくれて、自分の口座には、給料日に決まった金額が振り込まれるのです。そのときに、誰にもお礼は言わないですから。誰かに足を引っぱられることもあるけど、誰かに支えてもらっていることもあるのです。

自営ワールドは、自分が病気になったら終わりです。代わりにやってもらったらその対価を払わないといけないし、お客さんに、自分から他の依頼先に替えられたら、二度とその仕事は巡ってはこないことを覚悟しないといけません。「有給休暇」は存在しないことはとうに覚悟はしていますが、この仕事に穴をあけたらという恐怖は、決して打ち払えるものではありません。

あなたがもし今の会社に勤め続けているデメリットばかりを思い浮かべて、悶々《もんもん》としているのなら、デメリットだけのたったひとつの見方（単眼）ではなく、メリットをさがしてみて、それを合わせることで、ひとつだけではない見方（複眼）をしてみてください。不祥事を起こした会社にいると、「なぜ、こんな会社にいるのか」と足を引っぱられているようで、げんなりしてしまうかもしれませんが、不祥事を起こしていないときも、いや、起こしているとしても、そのときは同時に、誰かがあなたを支えてくれている面があることを忘れないほうがよいです。

第二章　会社への疑問・不満

自分の給料を人件費コストと考えてみる

いきなりサラリーマンの悪口で恐縮ですが、かつての私がそうなのですが、毎月の給料日、皆が口々に愚痴《ぐち》るのは、額面もさることながら、差引支給額の少なさ。いわゆる手取りです。「たくさん、差っ引きやがって！」日本全国、給料日には聞かれるセリフです。

まず目につくのは、所得税だ住民税だといった税金関係。これはこの国とこの自治体で生活をしていくのだから仕方ないとしておきます。サラリーマンの方々が次に騒ぐのは（人によってはこちらのほうを騒ぐ人もいます）、健康保険、厚生年金などの社会保険関係。もう一五年以上前ですが、その当時の私のもらっていた給料の明細がまだ手元に残っていましたので、見てみましたら、健康保険一八七〇〇円、厚生年金三八一七〇円とありました。合わせて、五六八七〇円です。当時もそうだったのですが、今でも月額これだけの負担はなかなかのレベルです。

ふつうのサラリーマンは、ここで、「だいたい、社会保険料が高過ぎだよ。年金だってもらえるかどうか分からないのにどうしてあんなに引かれるんだ！」なんて息巻くのが多いパターンです。実は、この当時、総務人事部門で給与計算をするチームの管理職であった私もそう思っていました。

ところが、ときが流れて、私は中小零細《れいさい》企業の社長となり、個人負担分だけでなく、会社負担分も合わせて支払う義務を課せられるようになりました。上述の例を使うと、五六八七〇円の二倍、すなわち一一三七四〇円を毎月支払う義務が今の私にはあるのです。ちなみに、現在、私が経営している会社では、私ひとりのことを考えるだけでは済まないことを付記しておきます。売上がいくら上がるか分かっていないのに、高額の支払いは既に決まっているのです。正直、毎月、火の出るような苦しさです。

ざくっとした話ですが、社員ひとりあたりがもらう年収の一・六倍から一・七倍ぐらいを企業はひとり当たり人件費として払っているといいます。分かりやすくするために、一・五倍としてみましょう。

今、年収六〇〇万円もらっている人が、同じ収入でいいからと転職を希望したとすると、転職先の企業はその人に、年間九〇〇万円のコストを支払うことになるのです。しかもその人は、入ってみないと、どこまで活躍できるか分からないこともあります。そう考えると、正社員の転職というのはたいへんなものなのです。当然、入社したあと、すぐに成果をだせと言われます。

あなたが提示を受けた年収想定額が自分の希望に達していなかったとしても、企業側は見えないあなたにコストをかけてまで来てほしいと陰《かげ》ながら意志を示していると理解する部分も必要だということです。

補足《ほそく》ですが、もし、退職金制度を完備《かんび》している会社であれば、その部分も追加のコスト負担であることを付記しておきます。よい人材に定着してもらうために、会社もそれなりの苦労をしている面があるということです。

出向者はよく考えてから

働き方の形態《けいたい》の中には、「出向《しゅっこう》」というカタチのものがあります。出向者は、出向元の会社から出向先の会社へと派遣されます。勤務条件は、出向先の会社に合わせてとなり、給料等の処遇は出向元の会社のものとなります。この条件が、出向元、出向先で同等であれば問題はないのですが、たいていはそうならないことが多いです。

会社の実力としては、出向先より出向元のほうが強い場合が圧倒的に多いです。いちばん多いのは、親会社から子会社ないし関係会社への出向というパターン。教育研修のために異業種に長期間の勤務をする出向というのもありますが、これは、一般的には出向数全体の中での比率はそうは大きくありません。

労働条件は、出向先のほうが悪くなるのが圧倒的に多いです。そこで、出向元の会社は「出向手当」というものを出して、その穴埋めをします。もっとも、全部を埋めきれない場合もよくあります。

私が経験したのは、完全週休二日制の自動車メーカーから、隔週《かくしゅう》休二日制の販売会社への出向でした。サラリーマンの私の休日は、土日休みの世界から、平日休みへと変わりました。

この当時の自動車販売の世界は、土日に展示会を実施して、受注の大きな機会としていました。そう、勝負の日なのです。売上目標に追われる営業担当としては、勝負の日にはそう簡単には休めませんでした。就業カレンダー上は土日が休みの日もあったのですが、この日に出勤する代わりに、平日に休むということになっていたのです。しかしながら、お客さんがご要望の納車日だとか、車両の登録手続き関係のこととか、平日しかできない仕事もあり、実際にはなかなか休めないのが実情でした。

労務管理上は一応、休みとしておいて、実は仕事をしていたというのも珍しいことではありませんでした。また、その月の販売が不振《ふしん》なら、休みにくくもなり、営業活動に出ているということもありました。「あいつ、目標未達なのに、のうのうと休みやがって」と見られる風潮《ふうちょう》があったのです。

出向に出た私ですが、赴任《ふにん》当初ははじめての自動車販売の仕事に大いに戸惑《とまど》い、混乱と試行錯誤の連続だったのですが、一ヵ月が過ぎ、二ヵ月、三ヵ月、そして半年と過ぎて行く中で、ルーティンの業務にはなんとか慣れてきている自分がいました。このころからようやく落ち着いてまわりを見ることができるようになってきます。

さて、落ち着いて、今の業務の様子をじっくりと見ることができるようになると、「なぜ、こんなやり方をしているのか？」との疑問がむくむくと湧きでてくることが多くなってきました。まだ若手社員でも、出向前の三年間のメーカー生活で、やれ効率化だ、生産性向上だと叩き込まれた人間です。まわりが見えるようになると「ムダ・ムリ・ムラ」に気づきだします。

気づいたら、黙ってはいられない。まわりの同僚に話をするようになってきます。同僚は、その出向先会社に入社した方々です。いわゆる「プロパー」の方々。私は尋ねてみました。「どうして、こんなやり方をしているのですか？」ところが返ってきたのは、全然好意的なものではありませんでした。それどころか、ムッと不機嫌な顔をされることもありました。

「いいなぁ、出向者は好きなこと言えて」

このように切り返されることもありました。こう言われると、私も二の句が継げなくなります。極めつきはこれでした。

「どうせ（あんたは）三年経ったら帰るんでしょ」

もう何も言えませんでした。

でも、立場を変えて考えてみれば、分からないでもありません。ずっとそこにいて働く人と、期間限定の人とでは、環境の受け入れ方が違います。帰るところがある出向者は所詮《しょせん》は一時滞在者、旅人に過ぎないのです。そこを理解しておかないと、ただ単にプロパーの人を分からず屋と嫌ってしまうことになりかねません。もっとも、そうしたら向こうからも嫌われるだけなのですが。

今の会社からどこかに出向に出されたとしても、出向先の皆さんの愛想《あいそ》が悪いのは当たり前です。でも、そこが嫌で、転職を図《はか》ってしまうと、行った先で行き詰まってしまいます。

エネルギーを注ぐべきは、期間限定でも、一緒の職場で働く仲間との関係に対してなのです。

お互いを理解し合い、協力し合うことなのです。毎日毎日、小さなことでも助け合いを積み重ねていくと、それが信頼関係をつくっていきます。出向先に着任して、間もなくのころは、まわりの雰囲気に面食らった私でしたが、日々の積み重ねはその雰囲気を変えていきました。

一年が過ぎようかというころに、プロパーのベテランの係長から「あんた、俺たちには言えないことを言ってくれよな」と言われたときは嬉しかったです。みんなの仲間入りができた瞬間でした。出向生活がはじまって、半年ぐらいまでは毎日毎日、「辞めたい、辞めたい」と思っていましたが、そのときに、辞めずに本当によかったです。

出向者の中には、出向先の環境にどうしても馴染《なじ》めずに、出向元の会社自体を退職してしまった人もいました。生まれ育った土地を離れて、適性《てきせい》があるかどうかも分からないまったく新しい仕事に就くというのは、こうした面も含んでいるのでした。

出向は悪い話ばかりではありません。出向先に馴染んで、仕事にも慣れて成果を挙げる人もいない訳ではありませんでした。そういう人は新たな可能性の開花ですね。私も営業大嫌い人間だったのが、好きになり、「営業なくして事業展開なし」を心底分かるようになったのですから、この出向生活が大きな転機になったのは間違いありませんでした。

プライベートでも転機でして、夫婦二人と半分（妻は妊娠中）で赴任して、四人（子ども二人）で帰ってきたのでした。三年の月日は結構、人生をドラマチックに変えるものです。ひとりで赴任《ふにん》して、現地で知り合った人と結婚して、四人で帰ってくるという人もいました。

万年キャンペーンをやめたらどうする？　ことなかれ主義の壁

自動車メーカーに勤めていたころの話です。三年にわたる販売会社への出向を終えて、復職せよと命じられたのは、部品部門でした。もっとも、ここに落ち着くまでには、私が会社を辞めるだなんだと、すったもんだがいろいろとあったのですが、とりあえず、ここに収まりました（収めることにしました）。

部品部門の中で配属を命じられたのは、自動車用品、要は部品の拡販《かくはん》キャンペーンの企画と推進の事務局でした。部品といっても、エアコンからはじまって、オーディオ、スパークプラグ、Ｖベルト、ブレーキ等々数々のものがありました。変わったものでは、発煙筒《はつえんとう》というのもありました。

これら部品メーカーから協賛金を供出《きょうしゅつ》してもらいながら、販売会社のサービス部門（車検・修理をするところ）に拡販を働きかけていく訳です。まったく希望した復職先ではなかったのですが、そこはそれでもサラリーマンの私、退職しないのなら命に服さないといけません。渋々ながらも着任しました。

販売会社で一度、責任は自分がとるとの前提のもとですが、伸び伸びと自分のやりたいようにやれる体験をしていた人間に、規律の厳しいメーカーでの生活は息苦しいものがありました。

出向に出る前に三年いた世界だったのですが、私自身のものごとの捉え方がすっかり変わっていたのを感じました。新しい担当業務に就《つ》いて、不思議に思ったのが、カー用品拡販キャンペーンを年がら年中やっていることでした。

キャンペーンというのは期間を区切ってやるからメリハリがつくのです。私は三年間の営業の経験からそのことが身に沁《し》みていました。

企画担当者として、しかも販売現場を体験してきた人間として、意を決して、「今後のキャンペーンは期間を区切ってやりたい」と部内の上層部に上申《じょうしん》したら、即座に否決されました。「キャンペーンをやっていない期間に売上が落ちたらどうするのだ？」というのが理由でした。

「アホちゃうか」

私はあきれてしまいました。この経験がこのあとの転職のきっかけとなっていきます。ちなみに、このような場合は短絡《たんらく》的に「アホか」とあきれるのではなく、キャンペーンを区切ってやることによる効果の見通しを計量シミュレーションとともに提示して、上層部を説得するのが模範《もはん》行動です。ところが、そのときの私はそんな術《すべ》ももっていないし、そこまでのやる気もなかったのでした。そして、何より出向から復職するときの人事の対応のマズさからの不信感が根っこにありましたので、堆積《たいせき》していた嫌な感情を転職の口実《こうじつ》にするきっかけを無意識のうちに求めていたのかもしれません。

この会社で一回辞めかけて、とどまって出向に出て、ようやく戻ってきて、またしても、辞めたいという気持ちが湧き起こってきたのでした。今度はとどまることなく飛び出すこととなりました。

この会社の管理職にはどうしてもなりたくないなら

あなたが今の会社で、将来、どうしても管理職になりたくないのなら、それはもう辞めたほうがいいです。あなたが社内のどこかで他人をまとめる必要のない現場の技能職の方であるのなら、そうではないのですが、チームで仕事をしているのであれば、管理職の声がかかったときにそれを拒絶すれば、あなたはその職場でその後、邪魔者になるでしょう。ただ、ひとつ例外があります。管理職にはならないけど、管理職を強力にサポートする存在になること。それならば、チームに必要な人材となります。

会社から管理職になるよう言われて、それが嫌で辞めましたという方がいますが、そういう人はことの重大性が分かっていません。その人が特殊な技能者で、そう、伝統工芸の職人的な感じで、スタンドアローン（独立孤高）の作業者ならいいのです。上司から言われたことだけをきっちり仕上げてくれれば何も問題はありません。ところが、他者とやりとりをしながら仕事を進めていくのなら、そこにはチームワーク、他者への気遣いと働きかけが必要なのです。その部分を否定するような人にはチームワークは担《にな》えません。

私は企業で人事課長をしていたときに、数百人を面接しましたが、経歴に管理職経験がある方はその成功・失敗をシビアに吟味《ぎんみ》しました。相応《そうおう》の年格好、キャリアがあるのに管理職経験もしくは管理職相当職への昇格履歴がない方も同様にシビアに吟味です。そこに何らかの問題を感じるからです。「管理職にはなりたくなかったので」と言った応募者には「では、管理職をあなたがサポートする気持ちはなかったのですか？」とよく質問しましたが、私が満足（安心）できるような回答を得られたことはありませんでした。

「サポートしたくなるような管理職はいなかったのです」と答える人も少なからずいましたが、そういう人は（表には絶対表しませんが）瞬殺《しゅんさつ》されます。人事は、この人は、うちの会社に入ってもらってもチームワークを乱すだけだと迷いなく認定をします。

そのときどきの優先順位のつけ方

「あなたはどうして今の会社に勤め続けるのか？」この問いかけに、どう答えるか迷ってしまったところから、「今の会社にいつまでいようか」の検討《けんとう》がはじまってしまいます。こういうことを考えだすと、心に霧《きり》が出て毎日がモヤモヤしだします。

モヤモヤを少しでもスッキリさせるためには、頭や胸の中で混乱している問題点を整理することです。私が長年の経験からつくづく感じたことなのですが、大きく三つに整理することができます。それは「人」「目的」「基本条件」です。

「あなたはどうして今の会社に勤め続けるのか?」

まずは、「人」です。「この人と一緒に働けるから」これがあると勤めが続く要因になり得ます。「この人がいるから」でもよいでしょう。

これが逆の向きに働きだすとつらい毎日になります。「この人と一緒なのが嫌だ」というものです。案外、これだけで、充分な退職理由にはなり得ます。人間関係が悪化すると勤め続けにくい。しかしながら、「職場の人はいい人なんだけど……」の退職パターンもよくあるのです。「人」は重要な要素ではあるけれども、それは勤め続けさせる絶対的なものではないということです。

次に、「目的」です。「なんのためにこの会社で働き続けるのか」というものです。極めて厳しい状況ではあるのですが、さきほどの「人」の話で考えてみます。職場の人間関係は良好とは到底《とうてい》言えない。どころか、自分に好意的でない人ばかり。でも、「この職場で○○のことを身につけるまでは」との強い意志をもっていると、勤めは続きます。

ドラマでは、最初はまわりが敵だらけの主人公が成長するにつれて、人間関係を変えていくといったことがよく描かれていますね。ここにいても、何ら得るものがないといった状況になったときは、人はその場所にいる理由を失います。

もうひとつは「基本条件」です。これはソロバンの話です。

「人はパンのみにて生くる者に非《あら》ず」とは言われても、何も食べないで生きていく訳にはいきません。たとえば、「嫌なことは山ほどあるけど、この年で、年収七〇〇万円もらえるのは捨てられない」や「(給料はホントはもう少し欲しいけど)どうしても広島を離れることができない私に、この勤務地限定はありがたい」といった材料で勤めが続くことはあるのです。

仕事にロマンを求めたいけど、それは理想として、まずは現実。日々の生活を成り立たせないといけないという超リアル路線での考え方です。「基本条件」とは「(私にとって)これだけは譲《ゆず》れない」といったもの。その設定の内容はそれこそ人それぞれです。

お金に拘《こだわ》る人、休日の設定に拘る人、転勤ができず勤務地に拘る人、絶対に営業や経理などの特定の仕事はしたくないと職種に拘る人、拘りはまさにそれぞれの人の人生の味つけでもあります。どれがよくてどれが悪いということは一切ありません。

これが、自分の中で明確になっている場合、その拘りの実現を崩されると、途端《とたん》に、勤め続ける意志がぐらつきはじめます。そこからＭＯＶＥ（移動）欲求が湧《わ》き起こります。心境としてはＭＯＶＥというよりＥＳＣＡＰＥ（脱走）といったほうがいいかもしれませんね。

この「人」「目的」「基本条件」の三つは、優先順位はあなた次第です。どれを優先するかもあなたの拘りであり、あなたの職業人生への味つけです。大事にしたらいいんです。モヤモヤを整理しないでおくと、健康に響いてきます。毎日、体によくない環境にい続ける訳ですから、そりゃ、体にいい訳がないのです。

後輩に追い抜かれたから辞めたいのか

長いサラリーマン生活には、いろいろなことがあります。サラリーマンというのは、他社との差はそんなに気にならないのですが、同じ会社の中での差は気になる生き物です。とくに身近な存在の人との差は気になります。同期はその最たるものです。

他社に勤めている学生時代の友人の月給が自分より一万円高くてもそうは気にならなくても、同期のあいつより一〇〇円低くても異様に気になるものなのです。それがサラリーマン根性というものです。

同期といえども、入社以来、その後にわたって、ずっと一緒という訳にはいきません。実は一緒なのは、最初の一年間だけの話で、二年目を迎える昇給のときには、もういくらかの差がついているのが現実です。月給が、Aさんは三五〇〇円上がったけど、Bさんは三〇〇〇円だったというように。

ですから、賢いサラリーマンは給料や賞与《しょうよ》の額を言い合いません。だって、差があるのが分かりますから。そして、その差は自分と彼・彼女の評価の差だということを知っているからです。評価の差について身をもって思い知るのは、昇格《しょうかく》の報に接するときです。これは訊《き》かなくても聞かされますから、逃れられません。

同期の中でもこれは優秀だと一目《いちもく》置いている奴の昇格は「まぁ、仕方ない」と、なんとか心に納めることはできるのですが、一目置いていない奴の場合は、「なんで、あいつが」と心にさざ波が湧《わ》き立ちます。ハッキリ言って承服《しょうふく》しかねるといったところでしょうか。

同期でもこれですから、これが後輩だとどうなるでしょう。追い抜かれた感はハンパないものがあります。さて、ここで、「俺よりあいつを評価するこんな会社なんて、いても仕方ない」と考えだして、しかも辞めてしまうのは、愚《ぐ》の骨頂《こっちょう》です。そんな小さなことで辞めるのは馬鹿です。ホント、そういうのは、なんともちっちゃい話です。

サラリーマンは追い抜いたり、追い抜かれたりです。でも、そもそも誰と比べているのでしょうか。比べないと楽なのに。もし、後輩に追い抜かれたとしたら、しばらく追い越し車線に入らないようにしましょう。そしてあなたのペースで走行車線を走っていれば、いつか追いつき、追い抜くこともできる。目の前だけを見ないことです。ちょっとだけ先を見ながら走ればいいのです。

今のところでホントにもうダメなのか

今の会社で勤めを続けることは、あなたにとっては本当にもうこれ以上できないことなのでしょうか。くど過ぎて嫌になるぐらい何度も何度も自らに問いかけてみてください。入社して年月が経つと実感が薄くなってしまうのですが、会社は退職より入社のほうが遥《はる》かにたいへんです。歴史と伝統があり、実績のしっかりした会社ほど、入るのは難しいのです。やたら入社までの手続きが多いですからね。

あなたが、かつて経験した今の会社に入る苦労をさらにレベルアップした苦労をする覚悟があるのか。そこを自らに問いかけて確認をしておいたほうが絶対によいです。

今の会社を辞めない方法を真剣に検討するのもお勧めです。今の会社にはあなたが就いている仕事だけしかないことはないでしょう。この会社を辞めて外にでるよりはと、他の職務《しょくむ》に就く可能性も当たってみたらよいのです。いわば、「社内転職」です。

これまで培《つちか》った人間関係は継続して活用していけるし、給与・休日その他労働条件は変わりません。退職金の積算《せきさん》も継続です。何やら、金勘定《かねかんじょう》の話が続きますが、こういうことを冷静に考えておかないと、あとで必ずいき詰まります。

ロマンだけでは人生ダメなのです。必ず、そろばん（今なら「電卓」ですね）をもっていてください。会社にとっても、ここまで相応の年月をかけてあなたに投資（教育）してきているのです。

それがご破算になってしまうよりは、配属は変わっても、い続けてもらうほうがよいのです。ハッキリ言わなくてもいいですが、まわりに退職の気持ちをほのめかしてみてください。すぐに慰留《いりゅう》の雰囲気《ふんいき》が出るようなら、もうしばらく慎重に考えてみたほうがよいです。

まわりの何人かの人に「そうですか」と即答されたのなら、あなたは実はそれほどもう当てにされていないと思っておいたほうがよいでしょう。これだと、逆に外に出ていくのが心配になってきます。他の引き取り手がなかったら、あなたは無職になります。

退職を考えたい奥深い原因が一緒に仕事をする人の問題であったなら、人事異動発令でのコンバートで解決します。ただし、異動先で同様にあなたが苦手な人がいれば別ですが、それは、異動発令前に分かるでしょう。そこで受託可否の判断をすればよい。辞める決意ができているなら、人事とそれぐらいの交渉はできます。

真剣に長い目で見て、この会社の将来性がないのか

「もうやっていられない！」こうした怒りに任せて、会社を辞めてしまう。昔から「短気は損気」といいますが、まさにそれです。こういうのは、得することはまずありません。感性・感覚で決めたといえば聞こえはいいが、実際はただの思慮《しりょ》が足りないだけの話。言い換えれば、馬鹿野郎です。あとで後悔《こうかい》します。

長い会社生活にはさまざまな局面があります。山があれば谷がある。谷があれば山がある。うまくいっていないときは、それが未来永劫《えいごう》続いていくとつい思いがちですが、そうではありません。人生、長い目で見れば、誰でもプラスマイナス・ゼロです。こう考えると、逆境の過ごし方が見えてきます。逆境経験から学べることは多く、それらは、あとの職場生活をよりよくしていく糧《かて》になります。

転職を考える理由のひとつに今の会社の将来性のなさを挙げる人がよくいますが、それをにわか経営評論家のように語っていたとしたら、そういうあなたの将来性のほうが心配になります。

将来性は、新しいことを考えだす力から生まれます。実はこの新しいことというのは、極めて重要な機密情報であることが多いですから、一般の社員には明らかにされないことがままあります。

あなたが、自らの退職まで覚悟しているのであれば、退職を最終決定する前に、役員の方に「五年後をどのように考えていますか？」とガチで訊《き》いてみたらよい。あなたが理解して前途に希望を感じられるような話ができないようなら、退職を予定通り進めたらよいでしょう。

ただし、次にいこうとしている会社についても同じことです。今よりは少しはましなようだというレベルで移ってしまうと、数年も経たないうちに同じ目に遭《あ》うだけのことになります。

具体的な根拠をもたずに、自分が勝手に抱くイメージだけで、将来性を判断してしまうと真実を見誤ってしまいます。経営陣を下から見ると、しょっちゅうでかけていて、遊びほうけているように見えても、実は、人知れず、将来のために探索活動をしていることもあるのです。短絡的で一面的な見方では見えないことも多々あるのです。

社員サイドから考える会社の将来性とは、詰まるところ、未来を探索して、未来に向けての方針を打ちだせる経営陣であることへの信頼に帰結します。いわば、社員は経営陣に自分の将来を預けているのです。

横暴な総務部長の正体

情報システムのエンジニアから自動車のどぶ板セールス、販売促進のキャンペーン担当者と転じ、そしてプラントの営業マン、そこから一念発起《いちねんほっき》の職種大転換、採用と教育担当、そして、私のサラリーマンとしてのラストフィールドは総務《そうむ》と人事の担当でした。

最後のフィールドは、総務業務と人事業務を共に遂行する総務部でした。実務統括《とうかつ》の責任者は総務部長（D部長とします）。中途入社ながらこの会社ではこの分野のエキスパートとして君臨《くんりん》していた人でした。この人の強みは社内で唯一、労務業務に精通《せいつう》していること。創業者オーナーの絶大な権勢《けんせい》のもと、社員の昇給、人事考課、昇格審査については、唯一無二の事務局長としての地位を確立していました。

オーナーもこの実務責任者がいなければ、社内は動かせない訳ですから、傍目《はため》には、オーナーから好かれているという訳ではなさそうなのですが、一目は置かれていました。

ただし、取締役になってもおかしくない存在ではあったのですが、そうならずに部長に留め置かれていたことは、オーナーも慎重だったのかもしれません。同じ年格好で、これも同じく中途入社で社歴も同じぐらいの経理部長は取締役になっていました。

後年、マネジメント研修の講師となった私から見たら、この部長の日常の采配《さいはい》はマネジメントも何もあったものではありませんでした。チーム全体を考えてということではなく、思いつきの場当たり的な指示ばかり。部下の話は聞かない。上からの押し付けの命令型のオーダーの数々。

私はこの会社に一二月一日に入ったのですが、忘年会を兼ねての私の歓迎会がその月にありました。部員が、ただ単に集まって粛々《しゅくしゅく》と食事をしている様子に驚きました。その雰囲気の寒々しいのなんの。あれだけ会話の弾まない宴会は私にとっては空前絶後《くうぜんぜつご》でした。今にして思えば、その時のD部長にはそれほど人望はなかったのです。

この会合は自主的にということでもなく、この会社の福利厚生《ふくりこうせい》の一環で、暑気払いと忘年会は一人三〇〇〇円を会社が出してくれる制度があり、その事務局である総務部としては開催しない訳にはいかなかったのでした。そんなこともありながら、一緒に仕事をしながら、私が「この人、変わっているなぁ」と感じたのは、ほどなくのことでした。

さらに驚いたのは、一二月一日に私が総務部係長として入社したその二週間ぐらいあとに、採用の担当であった別の係長（Sさんとします）が異動になったのです。入社したらそのS係長と一緒に仕事をするものと思っていましたので、本当に驚きました。

しかし、このあともっと驚くことが起こりました。このS係長、小柄で静かな方だったのですが、異動して、数日が経ったころでしたか、朝、オフィスで会ったときに（まわりには誰もいませんでした）、私から翌春入社の内定者（S係長は採用業務の前任者）のことをちょっと話したら、急にいきり立って、叫びだしたのです。

「その件は、私にも報告をしてもらわないと困ります！」

そして、この言葉のあと、私もこの業務については継続して関わって云々……とぐちゃぐちゃと叫んでいました。私はあまりのことに驚愕《きょうがく》して、「はぁ、お話はうかがっておきます」と言って、その場を立ち去りました。もちろん、そのことはすぐにD部長に報告しました。「そうか、たいへんやったなぁ」と労《いたわ》ってくれるかと思いきや、驚くべき反応が返ってきました。

「あんたが、なんで採用されたか分かったやろ」

またまた驚愕の続編があったのです。その後、私には、少しずつですが、事情が見えてきました。大手金融機関から転職してきた優秀なS係長であったのですが、入社後、時折起こす癇癪《かんしゃく》もあり、周囲との人間関係がうまくいっていなかったのでした。要はメンタルヘルス上に問題があったのでした。そこはオーナー、鋭い感性で危機を見抜き、おひざ元の総務部以外への異動の検討に踏み切ったのでした。

そして私という後任者が見つかったということで、異動発令と相成《あいな》ったのでした。まさに採用の裏事情というものをはじめて明らかにされたのでした。S係長にとってみれば、私は自分を追い出した人間となります（私にとってはとんでもないとばっちりです）。

私が入社してしばらくは、総務人事の実務分野では明らかにD部長の覇権《はけん》状態が続いていました。オーナーの前だけ殊勝《しゅしょう》にしていれば、あとは傍若無人《ぼうじゃくぶじん》に振る舞えるのですから、ひとりにしか分からない重要業務をもっているのはこんなに強いものかと思い知らされました。

部長に手帳を投げつけた日

ひとりの人間の権勢《けんせい》というのは続かないもので、このD部長にも環境の激変が訪れることとなりました。

私が入社して一年ほど経ったころでしたか、メインバンクからの出向で取締役がくることになりました。N取締役とします。ポストは、取締役総務担当。D部長の直属《ちょくぞく》の上司です。考えてみれば、それまでのD部長の直属の上司はオーナー（当時は社長）だったのです。新たな局面の到来でした。

N取締役は銀行のプライドをいかにもというぐらい身にまとった人でした。私たち、末端《まったん》のスタッフが嫌いだったのは、大銀行から中小企業に出されたのが嫌だったのでしょう。銀行の知り合いの人との電話で「ここは驚くよ」だとか「ひどいんだよな」ということをよく愚痴っていました。私がその会話をなぜ覚えているかというと、まわりに皆がいる日常のオフィスの場面で、それをやるのです。

こちらは聞く気がなくても、否応なしに耳に入ります。N取締役の自慢話「僕が支店長をやっていたころは……」「僕はゴルフ場の社長をやっていたんだよ」これらを何度聞いたか（聞かされたか）分かりません。いろいろと非難《ひなん》めいた話をしましたが（部下からしたら個人的な感情はありましたが）、救いは、仕事に関してはまじめでまっとうだったことです。しっかりとマネジメントの効いた組織で育ち、管理職としてマネジメントをしてきた人には、この総務部の組織運営については不思議なことばかりだったのでしょう。

「どうして、こんなやり方なんだね」「これ、おかしいんじゃないのかな」の問いかけを頻《ひん》発《ぱっ》していました。私もそこは有り難いところで、ともすれば、「D部長の考えをおかしいと思う自分がおかしいのかな」と感じるような自分に悩んでいましたので、心の中で「ですよね」と言いたい心境でした（決して、言いませんでしたが）。

その後、事態はさらに動きます。N取締役が機能すると判断したオーナーは、総務部を分割して、N取締役を部長とする人事部とD部長を部長とする総務部とにしたのでした。N取締役は常務取締役人事部長として社内の位置づけは格段に重くなりました。

この体制になるのを待っていたように、創業者オーナーのご子息（社長）が、社内の人事制度、給与制度にメスを入れだしました。いわゆる目標管理制度、成果報酬要素を加味した評価制度の導入です。N常務と係長（のちに課長）の私、人事労務業務のエキスパートでありエクセルの達人であるA係長がこのプロジェクトの中核《ちゅうかく》でした。長らくD部長の牙城《がじょう》であった聖域《せいいき》に新しい三人が切り込んでいったわけです。

これまで誰にも分からなかったD部長の仕事ぶりがさらされたのは言うまでもありません。三人からすれば「こんなことやってやがったのか」と唸《うな》ってしまう場面が多々ありました。新しい目標管理設定シートに書かれたD部長の記述内容を見て、私はびっくりしました。計画的な業務が一切書かれていないのです。目標管理の骨子である「いついつまでに、このようなことを、これぐらいのレベルで仕上げる」という思考がまったくできていないのです。ハッキリ言って、この思考方式では企画スタッフは無理だというレベルでした。皮肉なことに、D部長の昇給と賞与査定、昇格審査の事務局はかつての部下の私の役目になっていました。

得意の独り舞台であった業務を人事部に奪われたD部長は他の分野で存在を誇示《こじ》するようになりました。どこでそれをやったかというと、社内の行事関係でした。ここの業務も実際は、人事・総務分離後の総務部に異動したTさん（のちに係長）とベテラン女性のHさんの働きでまわっていたのでしたが、D部長はよく口を出していました。

年始の仕事はじめ・年末の仕事納め、入社式、社員表彰式等々、総務部が仕切らないといけない業務は結構ありました。人事・総務分離となった新体制でしたが、実務レベルでは、A係長、Tさん、私の三人は連携を取り合ってオール総務人事として業務を担っていました。

その後、現職のM常務取締役が逝去《せいきょ》されることがありました。この常務は創業オーナーの学生時代からの友人で、大学院を経ないで、理学博士《はくし》を取得された人で、会社の技術力の礎《いしずえ》を築いた方でした。オーナーの思いもありその個人葬儀の取り計らいは難渋《なんじゅう》を極めたのですが、A係長、中でもTさんの獅子《しし》奮迅《ふんじん》の働きで無事に終えることができたのでした。

このときの全体の指揮官（責任者）は人事部長のN常務で、D部長はさしたる役割ははたしていませんでした。D部長の部下のTさんが現場でのキツい動きを全部引き受けていたのです。

葬儀のあと、いくらかの期間をおいて、功労者であるM常務を偲《しの》ぶ会を会社主催で執《と》り行うことになりました。総務部のTさんは実務事務局として、またしてもその準備に忙殺《ぼうさつ》されていました。こういう経営トップの思いをカタチにしていく業務は本当に難しいのです。オーナーが分単位で変わりますから、たいして相談に乗ってくれないし、乗ってくれても有効ではない上司を抱えて、Tさんの苦労は傍《はた》で見ていて痛々しいぐらいでした。

当時、総務部・人事部は、合同で朝礼をしていました。オフィスはひとつのやや長めの島型に机が並ぶレイアウトでした。そこにそれぞれ、自分のデスクに着《つ》いた状態でその日の大まかなスケジュール、懸案《けんあん》事項などの話をするようにしていました。

そして、ある日「偲ぶ会」のことも議題に上りました。その前日に「偲ぶ会」の準備要員の態勢のことで、ひともんちゃくがあったのです。誰が行って、どの役割を担うかの調整の大詰めになっていました。散々ここまで汗をかいていたTさんは現場には行かないように流れができつつありました。

それをD部長は、「ここまで多大な苦労をしてもらっていたTさんは裏方にまわってもらって」とでも言えばいいものを、あろうことか、「Tくんなんかは、行っても仕方がないので」というようなことを発言したのです。

これまでの苦労に対して労《ねぎら》いの言葉すらありません。それまで、Tさんに対する心ない接し方に腹を立てていた私は、怒り爆発。

「そんな言い方、ありますか！　いい加減にせぃ」

と自分のデスクに手帳を叩きつけて叫んでしまいました。朝礼を進行する役割の人間としては、常軌《じょうき》を逸《いっ》していることは百も承知でしたが、そうせずにはいられませんでした。

D部長は驚きましたが、何も言いませんでした。もっとも、まわりの皆もN常務はじめ、女性社員全員が「しーん」と静まり返っていました。まわりの皆にしても、これまでのD部長の所業《しょぎょう》を快くは思っていなかったのでしょう。朝礼後にも私へのおとがめはありませんでした。

これが明確なきっかけになったのか、D部長の存在感はその後、ますます低下していきました。明らかに浮き上がっていたのは、D部長がいなくても、N常務が代わりを務めれば、総務部の業務は支障《ししょう》なくまわっていたからです。ここに至って、私は創業オーナー（当時会長）がこういう状態を早くに見通せていたのだとその慧眼《けいがん》に感服しました。かくして、D部長の勢いはこのあとさらに急速に衰退《すいたい》し、辞意を表明することとなり、総務部はN常務が総務部担当役員として兼務することとなりました。

D部長が去ることが決まったころ、仕事で関係のあったその当時懇意《こんい》にさせてもらっていた人材紹介会社の営業担当にその話をしました。仕方がなかったとはいえ、退職する羽目になった要因の一翼《いちよく》を担《にな》ってしまったという意識のあった私は、その営業担当に「今後のD部長が心配だ」と言うと、笑われました。

この営業担当もD部長のことはよく知っていたのです。D部長が採用責任者だった時代にはこの人材紹介会社をよく活用していたのでした。しかもD部長自身がここの求職登録者で、自らもこの会社を通じて、当社に転職をはたしたのでした。営業担当曰《いわ》く「Dさんは大丈夫ですよ。ああいう人は、いつの間にか居場所を見つけて、なんとか生きていくんですわ」とまったく心配に及ばずといった様子でした。気にはなりながらも、仕方ないと私も心配は胸に納めることにしました。

D部長にとっては不満だったかもしれませんが、会社としてもN常務が中心となって、退職金についても努力した成果を提供させてもらっていました。個人的な感情のもつれは多々あったのですが、環境の激変にまったくついていくことができず、権勢を誇る総務部長から、実務ができないポンコツ総務部長へと様変わりしたD部長の姿は痛々しい思いで、私の胸に焼きつきました。

その後、ときは流れ、私もその会社を退職し、独立開業の苦しみとその後の継続の苦労と闘いながら、出張の日々を過ごしていたある日。JRの最寄り駅から電車に乗り込んだ私は、途中の停車駅で、見覚えのある中高年の男性を目にしたのです。D部長でした。

遠目でしたが、確かにその人でした。スーツ姿ではなかったですが、小綺麗《こぎれい》にしていて、それなりの格好をしていました。驚きながらも、無事に生活している様子に安心した気持ちがありました。まさに、あの人材紹介会社の営業担当の言っていたとおり、自分でできる仕事を見つけて、暮らしていたのでしょう。そのときは、声をかけずにおきました。

ちなみに、この会社を退職した一六年後、創業オーナーが逝去されて、大阪市内の有名ホテルでお別れの会があり、私もオーナーに感謝の気持ちを示したく参列《さんれつ》させてもらいました。会場で、Nさん（当時、常務取締役人事部長）と総務部に入社した私に「その件は、私にも報告をしてもらわないと困ります！」と叫んだSさん（当時、係長）に会いました。Nさんは役員を退任したあと請《こ》われて特別顧問をしていると笑顔で語っていました。Sさんは、係長から昇格をして、現在の社長の秘書役のようなことをしているとのことでした。

ふたりはふたりの居場所を見つけて、私は私の居場所を見つけて生きているのでした。Nさん、久々の再会に優しい言葉をかけてくれるのかと思いきや、「君、食っていけているの？」と相変わらずの上から目線で、笑顔で言ってくださいました。人というのはそうは変わりません。Sさんは叫ばずに、会釈《えしゃく》のみで終始無言でした。

辞めたいけど、まだ未練が

この原稿を書き連ねていて、ふと気づいたのですが、自分の体験したことをつらつら思いながら綴《つづ》っている中で、そこから浮かび上がってくるのは、その日常の流れの中で現れる、勤め先を離れるタイミングというか、「もう、ぼちぼち」「いや、まだまだ」という相反《あいはん》する感情がいったりきたりしながらもひとつの結束点に到達しようとする地点であり、そこで、

「はい。この辺ですかね」というストンと自分でも納得するときがやってくるということです。なにやら、ごちゃごちゃと綴っていますが、これが「会社の辞めどき」というものではないかということです。これを確固《かっこ》たるものとしてつかめていると、誰に何と言われようとも、「辞める」というその決心は揺るがないのです。

私がはじめての転職を本気で画策《かくさく》したのは、新卒で入社した自動車メーカーに入社して四年目のころでした。このときは、次の就職先として、大阪市内にある大きな法律事務所から内定をもらっていました。そのときの私は、とにかく高度自由専門職へのあこがれが強く、裏を返せば、自分のやりたい仕事を全然させてくれないどころか、逆にやりたくない仕事ばかりさせる会社への憤《いきどお》りが燃え盛っていたのでした（今考えると、まったくサラリーマンにあるまじき感覚ですね）。

さて、その法律事務所から内定をもらい、あとは、いつから入所できますかという話にまでなっていました。ボスの弁護士の先生からは「がんばって、司法書士の資格を取ってよ。応援するからね」と言ってもらい、すっかり私は、会社員と違うフィールドに旅立つ気持ちになっておりました。

ところが、会社に退職の申し入れをしたところ、これが自分の予想に反して大騒ぎ。課長からは思い切り引き留《と》められました。今でもはっきり覚えているのですが、「君、それ（退職の意思）は、法務とかにいけるとしても変わらないのか？」こう言われたときは、心中、グラッと衝撃が走りました。

なぜそんなことになったかというと、その当時、会社ではゆるやかですが、育成のためのジョブローテーションというのがあり、それが、ひとつ部署に三年在籍したころから行われることがあったのです。当然、私の頭の中でも、「あっ、こりゃ、異動か!?」と閃《ひらめ》いたのでした。そこで、この課長が「君、法務にいってみるか」とこう畳みかけられたら、「は、はい」と言っていたと思います。その時点の私でも、全然知らない法律事務所の世界に入って、司法書士の仕事を目指すよりは、やっと慣れてきて、給料もそこそこ悪くはないこの会社で法律系の仕事をできるほうがいいぐらいの判断はできていたのです。

しかしながら、課長はそこまでは踏み込まず、私も自らの退職の意思表明は変えませんでした。慎重な課長はまだまだ確定ではない人事の話はできなかったのだと思います。直属の上司のこの課長の他にもそのまた上司の次長、まわりの先輩にも引き留められながらも私の意思は変わらず、あとは所定の退職手続きを終えるまでと思ったそのころ、会社での定期人事異動があり、まさかの課長の異動です。

新しい課長が着任し、私の退職の書類はその新課長の決裁をもらって手続き完了となることになったのでした。今にして思うと、引き留めようとする前の課長は自分の異動を知っていたのかもしれません。そう思うと、あるタイミングから粘りがすーっと薄まったのは合点がいきました（そのときの私にとっては有り難かったのですが）。

　着任した新課長は私との面談でこう言いました。次長職で課長兼務でしたから、前の課長より上位職だったのですが、偉そうにすることもなく、私に目線を合わせて、穏やかに向き合ってくれました。

「前任のA課長から、あなたのことは聞いています。よくよく考えてのことだと思いますので、仕方がないでしょう」

　私は、ここまで聞いて「よかった。これでスムーズに進むわ」と思ったのですが、この続きがありました。

「うちの会社として、まだあなたにできることはないのかな。僕はそれを考えてみたい」

　それを聞いて、私は正直、「まいったな。こりゃ、ややこしい話になるぞ」と思っていました。新課長は畳みかけてきました。

「僕のほうから人事課長に話をしておくので、一度、じっくり話をしてみてください」

　そう言われて、私は「いや、そういうのはいいです」とは、言えなかったのでした。思わぬ展開に「は、はい」と答えてしまっている私がいました。

それから数日経ったある日、人事課長から内線電話が入りました。指定された応接室で待っていると、バタバタと人事課長が部屋に入ってきました。今でもよく覚えている情景です。

「すまん。すまん。待たせたね。前の用事が思ったよりも時間がかかってね」

「いいえ、こちらこそ、お手間をおかけします」

「ズバリ訊くで。君、本当に辞めたいのか」

「は、はい」

「辞めんといかんのか」

「えっ？」

「今の仕事と違うことなら、やれるんか？」

電光石火の連弾でした。最後の問いに、即答できない私を人事課長は見逃さず、次の技を仕かけてきました。

「販社出向へいかんか」

「え、しゅ、しゅっこうですか？」

「そう。ところで、君、結婚は？」

「はい。する予定です」

「相手は？」

「○○○部のＨ・Ｍです」

「ああ、同期のＨさんやな」

「分かった。出向は九月一日付やから、まだ間に合うな。結婚してからいったらいいわ」

人間の運命とは分からないものです。この五分にも満たない会話で、会社を退職して法律事務所に入ることになっていた私が、会社に残り、あと半年も経たないうちに、販売会社に出向に出て、新しいフィールドに飛び立つことになったのです。今、このことを書いている私にはハッキリと分かります。新課長は私の意思がホンモノでないことを見抜いていた。人事課長と話をしながら、ちょっと方向転換をしてやれば、カドワキはまだ頑張れると判断していたのでした。


さて、そうなると私には解決しなければならない重大な問題が発生しました。内定の辞退です。法律事務所に出向いて、ボスの先生に半分土下座しながら、お伝えしました。ボス先生からは、「残念だけど、仕方がないね。でもな、君、もう迷ったらいけないよ」と言われました。私が深々と頭を下げながら「はい。分かりました」と答えたのは言うまでもありません。ですが、このあとの人生、この迷いは最初に過ぎなかったのでした。

第三章　このままでいいのか

事業に惚れられるか、人（オーナー、幹部）に惚れられるか

その会社での勤務が続くかどうかの三要素として、第二章で次の三つを挙げました。まずは「人」。どういう人と一緒に仕事ができるか。あえて、最初に挙げます。次に「目的」。自分の大切にしている目的を達せられるかどうか。この「目的」は人それぞれです。「何かの技術を習得したい」というのもありますし、「この業界の、仕事を知りたい」というのもありです。他にもさまざまなものがあるでしょう。これは人の数だけあると言ってもよいものです。

そして、最後に「基本条件」。これだけは満たしてもらわないと困るという何が何でも守ってもらいたいこと。労働条件はこの最たるものです。その人（Aさん）にとって、「土曜日は必ず休みたい」が絶対に必要なものであれば、それはAさんにとっての基本条件となります。私もサラリーマン最後の転職のときはこれを強く訴えました。それは、「多少の景気変動があろうとも年収五〇〇万円はある」ということでした。妻とまだ小さい子ども三人、おまけに、教育費がかかりだしたころから出てきた条件でした。前職の退職理由が経済的理由でしたから、それは切実なものでした。

三つの要素の一番に「人」を挙げたのは、それだけインパクトが大きいということです。「人」の魅力は、「この人と一緒に仕事ができればいい」となると「目的」にもなるし、「この人と一緒に仕事ができれば給料は安くてもいい」となれば、「基本条件」の不足分を埋めていきます。

私はオーナー企業での勤務を二社経験しました。どちらの社でも、オーナーから無理難題を言われたり、理不尽《りふじん》に怒られた場面があったときに、私のような中途入社組はブチ切れ状態で怒り、息巻《いきま》いていても、他方では冷静な人がいました。「今日の社長はえらいヒートアップしとったな」なんて言いながら、「さぁ、これからどうしようか」と後の動きを考える人です。私たちは「この人はなぜ怒らないのか」なんとも不思議でした。

あとから分かった話ですが、創業期、または創業してまだまだ業績が安定していなかったころからの社員のひとりでした。社歴はそこそこ長いですから、管理職以上の役職には就いていました。そういう人はオーナーに対してもっている情報量、経験した場面が大きく違いますから、オーナーに対しての人物評も我々新参者とは違っていたのでした。言い換えれば、私たちが知り得ない、理解しがたいオーナーの長所を実感しているということでした。

それと、ここまで苦労をともにしてきたという盤石《ばんじゃく》の存在感。オーナーの子どもみたいなものであり、関係の深い甥《おい》っ子、姪《めい》っ子みたいなものです。オーナーのことを「おやっさん」とか「オヤジ」と呼べるような間柄です。

そこへいくと、私たち中途入社組は、そのときに、自分がもっている腕前を期待されて入ってきた「うちの子」ではなく、「よその子」です。江戸時代であれば、譜代大名《ふだいだいみょう》ではなく、外様《とざま》大名みたいなものです。プロ野球球団でたとえると、生《は》え抜《ぬ》き選手でなく、助っ人外国人選手みたいなものです。自虐《じぎゃく》的な言い方ですが、そういうふうに捉えると分かりやすいものでした。

外様や助っ人扱いが嫌なら、その後のご奉公で、遅ればせながらの「うちの子」になればよいのですが、そこまで踏み込ませるには圧倒的な人間的魅力が不可欠です。私が仕えたオーナーもなかなかの人物でした。それは、後年、自分がちっぽけとはいえオーナー経営者になったときに痛いほど実感しました。

「ついつい批判していたけど、あの社長は偉かったのだ」との驚愕《きょうがく》のエピソードがいくつも出てきたのでした。とはいえ、これは自分で経営してみて分かる魅力です。ふつうのサラリーマンでも分かるような魅力がないと、転職を重ねている人の心を揺さぶるのは難しいところです。

世間一般に、新卒入社だけではなく転職者も多い会社は割と知られていますが、転職者の定着率までは知られていないものです。中途採用者の担当をしていた私は、「一度、転職した人は二度目の転職のハードルは驚くほど低い」という実感をもちました。現に、私自身もはじめての転職は悩みに悩みましたが、二回目はなんとも軽やかでした。同じような応募者の履歴書を数百人レベルで目にして、仮説は確信に変わっていました。

再々転職も珍しくはない実態がそこにありました。

自分を活かせる場所はあるのか

転職するかどうか迷いだすきっかけは、「自分は、この会社にいるべきかいるべきでないか」の問いに答えられないことからです。

はたして明確にこの問いに「もちろん、いるべきです」と答えられるサラリーマンがどれだけいることでしょうか。ほとんどの人が、うっすらと「別に自分がいなくても会社はまわるからな」と思っているのかもしれません。

いてもいなくても変わらないのなら、いないほうがましというものです。そうであるなら、自分がいないと困る会社に移ればいいのですが、そんな会社がどこにあるのか。転職活動をいくら頑張っても、所詮《しょせん》は応募した会社の外見でしか判断できません。私は自分の転職活動で、「カドワキさんの不安を払拭《ふっしょく》するために、うちの会社のいろんな人に会ってもらえるようにします」と言われて、実際にそうしてもらった会社もありましたが、こういうのは、多少は参考になるでしょうが、本質的には意味がありません。皆、採用の支障になるようなホントのことは言わないですからね。

人材紹介会社を使っても、どこまで真相をつかめるかは疑問です。人材紹介会社の営業担当（キャリアコンサルタントやアドバイザーなどと呼ばれているのが多い）も、入社してもらってナンボです。求人企業の情報を求職者に完全に公開しているかというと、そうは言い切れないものがあります。

それ以前に、把握《はあく》できていない情報もあります。分からないところがあるまま、結局、最後は賭《か》けになります。外れることもありますが、当たりもあり得ます。「相当な覚悟をして、入ったが、入社してみたら意外によかった」という場合です。どちらかといえば、「入って、こんなにひどいとは思わなかった」のほうが多いです。リスクはどうしてもつきものです。

小さい会社ですと、人員そのものが少ないですから、ひとりひとりの存在感は抜群《ばつぐん》です。そういう会社に身を置くと、まさに「自分がいないと、この会社は成り立たない」を実感できるかもしれませんが、今度は代わりの利かない重圧が嫌になります。このように、働く人は結構、自分勝手なところがあります。

あなたの真の値打ちはいくら？

転職というのはどうしたら決まるのか。なんだかんだいっても、要は、相手の会社があなたに価値を見出してくれて「ぜひ、うちに来てください！」と言われて決まるものです。自分がもっているこの価値を、どの会社にもっていったら認めてもらえるのか。このことを分かっていると転職活動はスムーズに進みます。

さて、これは、極めてシンプルな理屈ですが、実際には、そうは問屋《とんや》が卸《おろ》しません。前途を阻《はば》むのは、自分のもっている価値が何なのかが分かりにくいことです。うちの会社で評価されていることは他の会社で評価されるのか。どこの会社にもっていけば、評価されるのか。これを明らかにできないうちはうまくいきっこありません。

「価値」といった場合に、これを「地位」と混同してしまっている人がいます。たとえば、一部上場の大企業（結構、世間では有名な会社）で、三五歳で課長になり、部下を五名もって、バリバリと仕事をしていた人が転職に際して、面接官に、だから優秀なのです。とPRしたとしても、実はあまり訴求力《そきゅうりょく》がありません。

「あなたは、うちに入ったとしたら、どのように稼いでくれるのですか？」

求人側が欲しいのは、このことに対する明確で絶対に実現してくれる答えなのです。

何を隠そう、二回目の転職活動のときの私には、それと似たようなことがありました。当時、私は、財閥《ざいばつ》系のプラントエンジニアリングの会社（東証一部上場会社）に勤務していました。部下はいないけど、主事職（世間一般でいうところの主任クラス）として、営業部門で、それなりの仕事はできていると思っていました。このときの転職のテーマは職種転換。会社の規模ではなく、自分が本当にやりたい仕事に就きたいとの思いを実現しようと動いておりました。やりたい仕事とは人に関すること。人事部門での仕事でした。

ハッキリ言って、採用のリクルーターぐらいのことはやったことがあるとはいえ、まっさらの未経験者でした。かくして取り組んだ異職種への転職は想像以上の難しさで、たいていは書類選考でアウトでした。面接にこぎつけても、人事やら総務業務の経験を聞かれます。この職種の転職活動をして知ったのですが、人事部を単独で設置しているのは大企業クラスで、中小企業は、総務業務と一緒になっての総務部だとか、経理も含めての総務部だとかいう編成がほとんどだったのです。ということは、純粋に人事業務だけをする環境にはないということになります。

総務の仕事が加わると、これがまた多岐《たき》にわたってきます。日常よろずの庶務《しょむ》業務だけでなく、施設・不動産・資産の管理、いわゆる管財業務も入ってきますし、契約関係の法務業務もあります。また、経営者の秘書業務もあり、場合によれば、経営者の経営企画のアシストも加わります。早い話が、ただでさえ未経験の分野が、もっと広がるという訳なのでした。

自分で勝手に思い込んでいるだけではあったのですが、それなりにしっかりした会社で、そこそこやっていた自分で、しかもまだ若いので（当時、三二歳）、未経験でもいけると思っていました。

ところが、世間の見方はそうではなかったのです。この年格好だと、その業務のそれなりの経験者であるとみられるのでした。中途入社者は新卒の給料と違います。高いコストをかけて、なぜ育てないといけないのか。育った人だから雇いたい。これが求人側の理屈でした。

その当時の私はこの理屈がまったく分からなかったので、正直、落ち込む日々でした。狙っても到底当たらない。そもそも「的《まと》」が大きく違っていたのですが、自分の無力を思い知らされたような気がしました。

もう無理だろうなと諦めかけたときに、新聞の求人広告で、ある外食チェーンの本部の人事の採用記事を見つけました。書類を送ると「すぐに会いたい」との連絡がありました。これまでの痛い思いから、疑心暗鬼《ぎしんあんき》で面接に向かうと、募集職務は採用担当で（総務部は別にありました）、それまでの私の経験がいいと言ってくださる。何やら不思議な思いでしたので、正直に、ぶっちゃけて、訊《き》いてみました。

「私、営業といっても、機械を売っていたのですが、そんなのが御社で役に立つのですか？」

それに対する面接官の方（採用責任者でもあった）の言葉は目から鱗《うろこ》が落ちるようでした。

「採用というのはねぇ、会社の営業なんですよ。売るのが機械から会社そのものに代わるだけのことですわ。これは、カドワキさんが今までやってきはったことでしょ」

「はぁ、なるほど」と感心したことを今でも覚えています。これは、自分のもっている値打ちにはじめて気づかされた瞬間でもあったのです。

自分のまわりを安心させることができるか

転職というものは、本人が大いに悩んで決めるものではあるのですが、本人のまわりの人間もたいへんなものです。

自分の親もさることながら（一切、途中経過は話さないという手もありますが）、結婚しているのなら配偶者は、いの一番に影響を被《こうむ》るものです。そこを安心させておかないと、あとで問題が生じます。

採用選考の大詰めのときには、面接官からの「奥さん（ご主人）は賛成されていますか？」のセリフがあります。ここで、「実は……」と沈鬱《ちんうつ》な表情を見せようものなら、採用内定には暗雲《あんうん》が立ち込めます。内定しても「妻（夫）の反対がありまして」と辞退せざるを得ないとしたら、ここまでの道のりを考えると断腸《だんちょう》の思いです。求人側もそんなことはなぜ早くにクリアしておいてくれなかったのだと困ることになります。

配偶者、両親、配偶者の両親はいわばあなたの後援会の方々です。転職は変化を無理に起こしていく部分があります。どんな変化も、人は最初は不安に思うものです。しかも、その不安は家族にとっては起こさないでほしい不安であるかもしれないし、なぜ起こさないといけないのかが分からないものかもしれません。その不安を取り除き、応援をしてもらうこと。それが家族を持っているあなただとしたら、転職活動に必要な一部でもあるということです。

家族は反対するかもしれませんが、なぜ、転職したいかを説明してみることで、あなたの中でこの転職の妥当性《だとうせい》を検証することもできます。話をしてみて、うまく話せないとか、何か引っかかるということでしたら要注意です。何らかのリスクが潜んでいるものです。

後援会から応援してもらえない人はそのもてる力を発揮《はっき》し続けることはできないのです。

貯金（備蓄）はどれだけあるのか？ 貧すれば鈍する

会社を辞めたら収入がなくなります。そんなの当たり前だといわれそうですが、実感をもってこのことを想定できるかが大事なのです。

在職中に転職活動をして、内定を得て、即ち次に行くところが決まっていたのならこの心配はないのですが、退職後に転職活動をする。こういうのがいちばん危ない。もちろん、時間の制約がなく、転職活動ができるのは大きなメリットではありますが。

在職中の活動の最大の難所は、向こう（応募した企業）からの変更できない面接日の通知です。しかもそれが、役員との最終面接なら絶望的です。急に言われて、休みがとれるかということです。それまでの面接は、向こうの採用担当者もこちらの在職中を考慮《こうりょ》して、夜にやってくれたり、日程の融通《ゆうずう》を多少はつけてくれたりするのですが、最終面接はそうはいきません。本当にうちにくる気があるのかの踏絵《ふみえ》にもなっているのです。

その点は退職後の活動は時間の制約はありませんが、経済の制約が出てきます。基本的に世間というのは「自分が思う以上には評価されにくい」と思っていたらよいです。

中途採用は、募集が少ないところに、多数が集まる闘いです。少数しか集まらないとしても、まったく油断はできません。相手の企業が超即戦力採用なら、求められるレベルは一段と高くなるからです。多数の企業に応募すれど、面接にまで行けない企業の多さにあなたは閉口《へいこう》するはずです。

面接を進めても、一次、二次、三次と、どれだけのステップを最終面接まで課すかは企業によりけりであり、手間がかかるのに悩まされるかもしれません。逆に、一回面接に行って、採用になるような会社というのも怖いです。「どこを見ているんだ」との疑念《ぎねん》がでてきますから。

転職活動が長期化すると、それは同時に収入がない期間が延びる訳ですから、その間の生活をどうするかという問題が出てきます。「貧すれば鈍する」という言葉がありますが、まさにそれ。気がついたら、あれだけ真剣に考えていた転職の条件がどんどん緩んできます。緩めざるを得なくなるのです。かくして、「なんでもやらしていただきます」を臆面《おくめん》もなく言う求職者の誕生となります。こうなれば、採用されやすいのか。

答えは否《ノー》です。

私がその昔、採用担当者だったときは、退職してからの年数が長く、「なんでもやります」の柔軟度の高い応募者は躊躇《ちゅうちょ》なく切っていました。

個人的には「無職が続いてたいへんなのだろうな」と同情はしますが、かといって、うちの会社で救済する理由はない。しかも、どこを受けても、長期間採用が決まらない人ですから、「そこに何かある」と思うのが採用担当なのです。

経歴に魅力があれば、一応は会いますが、たいていはその一度で終わりでした。また、例外なく、まとっている雰囲気が暗いのですね。貧乏神的と言ってもいいものです。求人側が求めているのは福の神です。

退職後の転職活動は財源の手当てを忘れずに。今の会社が嫌だ、我慢ができないと、一時の感情で大事を決めてしまうと、そのあとにさらに悲惨な状況が待っています。

転職は一社目が関ヶ原

勇気をもって転職活動に踏みだす。そこからは適職に出合うための苦労が続いていく。こういう状況の中で、「すぐに適職に出合うのは難しいから、何回か転職を経験して見つけていきたい」という考え方の人がいますが、これは転職が何たるかをまったく理解できていない人です。

一社目の転職、即ち、はじめての転職を大失敗してしまった人は、二社目でリカバリーするのは難しいです。

二社目の履歴が一年以上ない場合、面接官があなたの履歴書に抱く印象はかなり悪くなります。一年未満の履歴だと、あえてそこは書かない求職者がいますが、そういうところを採用マンは見逃しません。見逃しているようじゃ、採用の仕事は務《つと》まらないのです。また、職に就けない期間が長いのは、怪我で入院していたとか、家族に重病人がいたとか、面接官を「なるほど、そういうことなら仕方なかったですね」と納得させられない限りは、あなたに対する不信感を生みだすだけなのです。履歴を書いていたとしても、面接官はそこを鋭く追及していきます。

「この会社のご勤務は短いようですが、何か事情でも？」というような感じで、根掘り葉掘り突っ込んできます。ここは、求職者側としては、あまり触れられたくないところですから、のらりくらりとかわしたいでしょうが、相手の会社の責任にしだすともういけません。

それは、あなたの思慮《しりょ》の浅さを浮かび上がらせるだけとなってしまうのです。

ある会社に転職入社後は、最低一年、つまりどこからはじまってもいいのですが、春夏秋冬のシーズンが一回りするぐらいは在籍がないと採用選考は苦しい展開になります。

たとえば在籍が半年未満だと、採用マンは、試用期間を満了できなかったことを疑います。

「それは、前の会社の話が違っていたのです！」と声を上げたら、逆効果です。今後は、前の会社に当たる方が採用面接時のあなたの前に座っている人になるのですから、こういう言動は面接官の反感を買うだけです。

あなたが自分で決めて入社したのなら少なくとも一年間は辛抱《しんぼう》したほうがよいです。それ以前に、最初の転職はこれ以上ないぐらい、慎重《しんちょう》に考えてするものです。

ポータブルスキルという武器

転職を考えるうえで必要になるのは、詰まるところ、自分が他の会社から「来てください！」と請《こ》われるものをもっているかということです。このことは、「うちの会社ではめちゃくちゃ重宝《ちょうほう》がられるが、他の会社ではどうか？」ということをじっくりと考察《こうさつ》してみると分かりやすくなります。

物騒《ぶっそう》なたとえですが、あなたの会社が大きな不祥事《ふしょうじ》を起こしたとします。会社の屋台骨は揺らぎに揺らぎ、その結果、破綻《はたん》、倒産の憂《う》き目をみることになったとします。そうなると、あなたは、会社を放りだされるわけです。そのとき、あなたはどうしますか？　当然ですが、再就職活動をしなくてはいけない。不祥事企業出身という身の上は、当人がその不祥事に関わっていなかったとしても、そこの出身というだけでも不利になるものです。

中途採用は単純に経歴だけを買うものではありません。その経歴の中で培《つちか》った知識・スキルを買うものです。しかも買ってもらえるのは、求人をしているその会社で役に立つ知識・スキルだけです。

採用の面接官から「ほほう、おもしろいことをやっていたんですね」と感心されたとしても、それだけでは、採用を決める評価にはなりません。

逆に、自分ではそんなに値打ちがないと思っていたものに意外に高評価をもらえることがあります。別の業種・職種に移ったとしても活用可能な能力。それが、「ポータブル（＝も ち歩ける）スキル」なのです。これが転職できる力の源になります。

この力が身についていないうちは、今の会社を辞めるべきではありません。逆に、そういったものを身につけることができたとしたら、会社を辞めることを考える資格ができたとも言えます。

ただし、今の会社での勤務を継続している中で、その後、さらに身につけたスキルは値打ちが増すことが予想されますので、それらを本当に捨ててもいいのかというのは慎重に検討しておくべきです。

自社が不祥事を起こしたたとえ話としては、もし、ポータブルスキルが転職市場で有効なレベルまで培われていないようなら、転職者は気の毒な末路《まつろ》を辿《たど》るしかなくなります。不祥事がなくても、業績不振が続けば、リストラの可能性もあります。

サラリーマンは、今の会社での終身雇用を信じることができないのなら（信じていて裏切られるのは別問題ですが）、ポータブルスキルを身につけて武装しておく必要があります。武装できていないということは、丸腰で荒野に放り出されるのと同じことになりかねません。

私はなぜ、転職できたのか。振り返ってみると、その当時の自分には分からなかったのですが、知らず知らずのうちに、ポータブルスキルを身につけていたのでした。

自動車メーカーからプラントエンジニアリングの会社への転職時には、販売会社へ出向《しゅっこう》して営業を経験していたことが役に立ちました。幸いなことに、業界の詳細な知識と経験を求めるという採用スペックではなかったので、一般的な営業スキルがあればクリアすることができたのでした。

そのプラントエンジニアリングの会社は、年齢（若手採用）重視で、足りないところは入社後の教育で補填《ほてん》するという考えでしたので、その教育に耐えられるかどうかも見られていたかと思います。このときに役に立ったポータブルスキルは一般的な営業の基礎スキルだったのです。

三回目の転職はプラントエンジニアリングの会社から外食チェーン本部の人事部門でした。営業の仕事から人事部門と一見、関係がなさそうなのですが、このとき、役に立ったのがやはり営業スキルでした。人事部門の仕事の中でも私に期待されたのは採用でした。「営業しかやっていない私でよろしいのでしょうか？」と質問した私に、面接官が明快に返答してくれたことがすべてでした。こういう意味合いのことを言われたのです。

「大丈夫ですよ。採用というのは会社自体の営業ですからね」

補足するなら、利害が対立する人との折衝《せっしょう》・交渉・調整という営業で培ったスキルがその後、どれだけ役に立ったことか。人生、無駄なしです。


四回目、最後の転職は外食チェーン本部の人事部門から化学メーカーの総務人事部門へでした。このときは、人事部門での経験が即、役に立ったかのように見受けられますが、実は、そうではなかったのでした。もちろん、人事部門での経験が選考に入れてもらえる入り口としては有効ではありました。いちばん評価されたのは、諸資源がそろっていない中でなんとかかんとか仕事をしていた「対応力」だったのです。

この会社では、人事系の業務だけではなく、総務系の業務もかなりのボリュームでありましたから、非定型業務への対応力がいちばん求められているところでした。非定型の最たるものは経営トップ（オーナー）への対応でした。毎日毎日、何を言われるか分からないのを、そこに耐えて、逃げることなくオーダーに対応すること。何やらそのようなことが中核《ちゅうかく》をなしていた採用スペックでした。

ちなみに、求人票にはひと言もこのことは出ていませんでした。そりゃ、書けないですよね。書けば、誰も来なくなりますから。

ポータブルということを考えると、特定の会社でしか通用しないスキルは、強みではありますが、それが反転すると、他の会社では通用しない弱みとなります。

キャリアというものを考えるときには、一面的ではなく、複眼的・多面的に考えること。オセロゲームの牌のように白にも黒にもなれるという人間がしぶとく生き残れます。今は、環境変化の激しい時代です。ひとつのことへのこだわりが大事な局面もありますが、そのこだわりが発想の固定化を呼び込み、対応の柔軟性を損なうことがあるのを肝に銘じておくことです。

転職出社一日目、最初から味方はいない

転職して出社一日目を迎えたら、あなたはもうその会社の一員です。その瞬間からお客さんではなくなるのです。入社したらあなたが頼ろうとした人事部のあの人は「人事の人」であって、もうあなたを特別扱いすることはありません。

「がんばってくださいね」と声はかけてもらったものの、その距離感は、同じ社員となったのに、入社前のほうが近かったと思わせるようなものになっています。寂しく感じますが、それが現実です。そして、配属場所に案内されたあなたは、採用面接で一度ぐらいは会ったことのある人と、上司と部下の関係になります。

中途入社の場合は、新入社員ではありませんから、基本的には丁寧には教えてはくれません。「前に似たようなことやっていたんですよね」の暗黙《あんもく》の了解のもと、まずはめまぐるしく関係先への挨拶まわり。そして、誰が誰やら覚える暇もなく、仕事が次から次へと降りかかってきます。その中にはあなたにはとても手に負えないものも含まれてきます。

まわりを見渡せば、そこは既に人間関係のできている世界。会話が飛び交いながら仕事が進んでいきます。あなたはその輪にはまだ入れません。覚悟はして入社したものの孤独感に襲われる瞬間です。

これが新入社員の場合は入社時の研修が終わって配属されたら、まわりは彼・彼女を馴染《なじ》ませようとあの人もこの人も関わってきてくれます。皆が接点をもとうとしてくれる新入社員とこちらから接点を探しにいかなければならない中途入社者との大きな違いです。新入社員は何も知らないし、できないことをまわりは分かっているので無茶なことは頼みません。

中途入社者、しかも前職の経験が大袈裟《おおげさ》に語られてしまい期待の人材なんて触れ込みだと過大な期待が巻き起こっていますから、あなたは、あたかもその実務のスーパーマンのような扱いを受けてしまいます。採用されたいがために、面接で過大広告をしてしまっていたとしたらいきなりの危機到来ですが、それは「自業自得」というものです。

入社したら、新しい上司に自分のことをより知ってもらう面談の時間をできるだけ早いタイミングで取ってもらい、腹を割って話をすることです。そして、自分のほうから積極的に前に出て、新しい同僚とも話をすることです。

転職者は、知らないフィールドにパラシュートで降り立つところから仕事がはじまるのです。

中途採用とは初任給のバカ高い新入社員になること

当たり前の話ですが、中途入社のときの初任給は、学校出たて（所謂《いわゆる》、新卒）の人向けの金額とは違います。即座に、「それは当たり前だろ！」との声が聞こえてきそうですが、よく考えてみれば、どうして新卒と差があるのでしょうか。ちなみに、他業界や異職種からの転職（＝未経験者）でも、採用する会社は新卒者と同じ給料にはしません。年齢に加えて、その会社と直接関係するキャリアはないものの、今までのキャリアをそれなりには考慮して、提示する給与を算定《さんてい》します。

将来の可能性に懸《か》けて、どうしても欲しい人材は、その会社の同等クラスの給与と比べてその人の前職給与が大幅に高いときは、会社規定の基本給としながらも「調整給」といった名目で、高い下駄を履かせます。これは、その人に当社にそこまでのイレギュラー措置《そち》をしてでもきてもらいたいという意思表示です。大手企業から中小企業に引っぱるときは、この「調整給」が花盛りになります。

この措置をしないで、たとえば、大いに魅力ある応募者を四〇歳、係長として採用しようとしても、その会社の同等クラスの係長の給与とでは差があり過ぎて、到底きてもらえないのです。ただし、これは求人側がどうしてもきてほしい場合で、大手企業をリストラされて、求職側のほうからどうしても入社させてほしいという場合は、様相《ようそう》が引っくり返ります。場合によっては、求人側からの言い値の給与提示で話がつきます。「いやなら、結構ですよ」と採用マンは平然と言えるわけです。少し話がそれましたが、忘れてはいけないのは、中途入社の初任給はその会社の新人の割にはバカ高い水準であるということです。働く側からは一円でも多いほうがいいのですが、そのためには、目に見えるお値打ちを出さないといけないということです。

四〇歳、係長のプロパー社員（=その会社生え抜き）が月給四〇万円をもらっていたとして、大手企業からきた四〇歳、入社時に、係長ではなく、最初は一つ下の格づけで主任としていても、月給が四一万円だったら、プロパー係長は怒りの炎がメラメラ燃え上がります。たとえ、基本給部分がプロパー係長のほうが高くても、怒りは収まりません。注目するのはあくまでも総額なのです。年二回のボーナスはプロパー係長のほうが高くても、怒りは収まりません。入社時から既に高い下駄（調整給）を履かせてもらって、期待されていることが気に入らないのです。新参主任のほうが、「これでも前の会社では月給総額四五万円だったんだけどな」と文句を押し殺していても、これが現実というものです。

転職して分かる転職前の会社のよいところ

転職して不思議なのは、転職後には、転職先の会社のアラが見えて、転職前の会社については、よいところが見えだすことです。あんなに嫌だったことが、そうは悪くないことのように思えてくるから不思議なものです。そして、それは転職先の会社に入ってから分かることとセットになっているのです。いわば、転職先の会社のアラ発見と転職前の会社のよさの発見とのセットなのです。

人間、比べるということを知ると、話はややこしくなるものです。

たとえば、通勤定期は一ヵ月で買ってくれと求める会社に勤務していたとします。転職先も同じだと思っていたら、三ヵ月で買ってくれと言われた。費用を出すのは会社ですから、何も不都合はないようですが、実は、自分はいつも割引率の高い三ヵ月で買って、会社からは毎月通勤手当をいただいていましたということだったら、差額を小遣いに充てていたのができなくなるのです。ホントに細かい小さい話ですが、へそくりが欲しいサラリーマンにとっては切実です。比べることができると、こういったことに気がついてしまいます。

別の例ですが、休日に出勤すると時間当たり賃金に割増率をかけた賃金が支払われていた人が、転職先で休日出勤があったときに、一日一律の休日手当一万円という支払いを受けると、「なんだかな……」という気持ちになるのです。前のほうが多かったことを知っているからです。比べることができるとこうなります。これも知らなければ「そういうものだ」でスルーしていけるのですが、知っているからこそ引っかかる。

仕事の進め方も同じです。転職前は「全然、自分の意見を聞いてくれない。こんな閉鎖的《へいさ》な会社は嫌だ！」と飛びだしたら、次の会社は意見を言ったら聞いてはくれるけど、「すべてお前がやれ。責任はお前だぞ！」の社風だった。こうなると、どっちもどっちという話です。

どっちもどっちどころか、転職前の会社は、意見は聞いてくれないと思っていたけど、肝心《かんじん》なところは、上司はこちらにも配慮《はいりょ》はしてくれていただとか、ひとりに責任を押しつけることはなくチームで引き受けていたなとか、今まで気づかなかったことが見えだすということはままあります。そのとき、「案外、前の会社は悪くなかったのかなぁ」と思っても後の祭りです。

後悔、先に立たず。あんなに嫌だった前の会社の人々の顔を好意的に思い出している自分に、少なからず驚くことにもなります。

ローンのボーナス払いに気をつけろ

転職後のリスクのひとつにローンの返済があります。ローンといえば、とくに大きいのは住宅ローンです。一般的にローンの返済にはボーナス（賞与《しょうよ》）は大きなメリットです。しかし、ボーナスが支給されるためには、必要な在籍《ざいせき》期間というのがあります。たとえば、ある会社に九月一日に入社したとします。その会社は、一二月に冬のボーナスがでるとします。会社の給与規則で、この場合の支給対象者は、六月一日から一一月三〇日および、支給日に在籍している者と決められている場合、九月に入社した転職者には支給されないということなのです。優しい会社なら、九月一日から一一月三〇日まで在籍していることに配慮して、なにがしかを支給してくれる場合もありますが、必要な在籍期間を満たしていないということで、支給されなくても文句は言えません。住宅ローンを抱えて、転職をする場合は、ボーナスを当てにし過ぎないことが必要となります。

所帯持ちで住宅ローンを抱えていた私は、転職をする前に、薄々ですが、このリスクを感じていたのでしょうか、月々の支払いを抑えて、ボーナス月の支払いを多くする方式ではなく、金額は多くなりますが、月々の支払いを均等にする方式を選択していました。

ところが、転職後の後顧《こうこ》の憂《うれ》いをなくしていたはずが、そうは問屋《とんや》が卸《おろ》してくれない事態が発生します。外食産業のチェーンの本部に転職した私は、九月入社でしたから、これまでの経験から一二月の賞与はあきらめていました。皆に支給されていても、自分には支給なし。ちょっぴり寂しくはありましたが、「それは、仕方がない」と静観《せいかん》できました。ここは想定どおり。夏はもらえるなと、そのときは思っていました。

そして、夏がきました。待望のボーナス支給ですが、ここで事態の急変が起こります。業績の劇的な低下でした。「今年はボーナス出ないかもしれないよ」と社内でささやかれだした声に私は驚きました。

それまで上場企業勤務で、毎年労使交渉で年間の最低ボーナス支給基準について決められる世界にいた私にとっては、大きな驚きでした。

さて、現実はどうだったか。でるにはでたのですが、でただけましといったものでした。月給より低い金額のボーナスをはじめて見ました。若い女性社員の中には、支給された明細書を見て、泣きだす人もいました。

後年、自営業の世界に転じた私ですが、この世界ではボーナスなんてものは全くないですから、「ボーナスでて、いいね！」となりますが、ある程度のボーナスが出るのが当たり前のサラリーマン感覚では、この環境はきつ過ぎました。

入社時には、支給実績としては、夏一・五ヵ月、冬一・五ヵ月、三月に業績がよければ決算賞与もありと聞いていたのです。実際には、夏の一・五ヵ月自体が夢のまた夢だった訳です。私の目の前には、一ヵ月に満たない〇・八ヵ月の実態がありました。

誤解しないでほしいのは、だから中小企業はダメだということではありません。こういうふうに直近の短期的な業績の変化が処遇面に影響を及ぼしやすいと受け取ってください。大企業でも、ボーナスがでなくなるときはあります。

ただし、労使協議もありますし、急にではなく、少しは時間を稼いでくれるというところが違います。この場合春でしたら、夏は今までどおりで、冬を減額といった感じにしてくれるでしょう。激変緩和《かんわ》措置《そち》というやつです。この対応、当たり前ではないのでした。

それにしても、それまでの一〇年ほどのサラリーマン生活を、夏冬とも最低二・〇ヵ月以上（合わせて、四・〇ヵ月以上）のボーナス支給に慣れていた自分は、頭では分かっていたつもりだったのですが、月給を下回る、この〇・八ヵ月は衝撃がデカすぎました。格段、月給が高い訳でもなかったですから、年収の落ち込みは甚《はなは》だしいものがありました。

〇・八ヵ月の賞与に驚きながらも、「私、一生懸命《いっしょうけんめい》仕事をしていたのに、どうしてこうなんですか！」と職場で泣く女性社員をなだめながら（ホントは自分も泣きたかった）、帰宅して、支給明細書を渡しながら、妻にも伝えました。つらい報告です。彼女はこらえてはくれましたが、「今年の夏はお出かけできないね」とポツリとつぶやいたのには、まだ小さかった子どもたちのことを思うと、なんとも情けなく、申し訳ない思いでいっぱいになりました。

「泣きっ面に蜂《はち》」という言葉の意味が深く分かったのもこのときでした。我が家の冷蔵庫が突然、何の前触れもなく壊れたのです。入金の予定が大きく崩れたのに、大きな出費の予定が発生する。住宅ローンはそういうのを想定してボーナス払いはなしにするなど、手を打っていたのですが、これは想定外でした。夏ですし、冷蔵庫なしというわけには到底いきません。いい年をして、実家に助けてもらうという方法を取らざるを得ませんでした。

自分のやってしまった転職が、まわりを巻き込んで不幸にしていくという負の側面を思い切り実感させられたひとコマでした。

住民税はあとから追いかけてくる

転職者が意外に見落としがちなのが、住民税のことです。所得税はそのときの所得にかかります。徴税の観点からは、その月の給与明細から天引き控除《こうじょ》されていますから、これは分かりやすい。ところが、住民税は前年の所得状況に対してかかりますから、徴税は翌年からとなります。ですから、前の年の給料がすごくよくて、調子に乗って全部を使ってしまっていると、翌年、たいへんなことになるという図式になります。

ある企業で、総務人事部門の課長を務めていたときに、中途採用で入社した人から内線電話が入りました。何やら怒っています。部下の女性スタッフに問い合わせがあったようなのですが、手に余ったみたいで、「課長、よろしいですか」と私に転送されたのでした。

「はい。お電話代わりました。Dさん、その後、お元気ですか」

「いや、カドワキ課長、昨日、市役所から変な通知がきましてね」

「変な通知？　一体、なんですか」

「えーっと、住民税がなんとかかんとかという」

「あぁ、支払いの通知ですね」そう答えた私は、これでこのやりとりは終わると思いました。

ところが……。

「困りますよ！　こういうのは会社がちゃんとしておいてくれないと」

なんと、Dさん、怒っています。

そのあとのやりとりですが、私は、それは個人が市役所に直接対応しないといけないこと、当社に入社したあとの住民税については、うちの部門がちゃんとしておきますと説明をしました。Dさん、それでも「めんどくさいな」と言わんばかりの不満げな声ではありましたが、なんとか怒りを収めてもらいました。


自営業者になると、嫌というほど直面する税金関係には、自分で対応しないといけないのですが、会社員はほぼ間違いなく全面的に会社任せです。悪気はなく、知らないことが多いでしょうが、こと、住民税だけは要注意です。

労働条件の差異は大きい

「労働条件」というときには、まず意識するのは給料の額、そして賞与、休日といったところが鉄板でしょうか。その他のもろもろを「福利厚生」と総称していることが多いですが、これが馬鹿になりません。充実した健康保険組合があるとか、全国に保養所があるとか、契約ジムの割引があるとか、中小零細企業と大企業の間には、とてつもない格差があります。大企業の中でも労働組合がしっかりしている歴史と伝統のある会社では、その福利厚生の充実度では、さらにずぬけたものがあります。

会社の規模に拘《こだわ》らず、自分のやりたい仕事をしたいと、ある中小企業に私は転職をはたしました。いくら仕事の内容が自分のやりたいことであっても、待遇の見込み違いは転職後の生活をじわじわと蝕《むしば》みます。

独身寮や社宅がない。なくても充分な住宅手当があればいいのですが、それもない。埋め合わせるだけの月給、それに加えて充分な賞与があれば問題ないのですが、それもない。もちろん、保養所もない。健康保険の付加給付もない。厚生年金基金があって、将来、付加給付されることもない。大企業はやりたくない仕事も多くありますが、そこに勤める限りは等しく支給されるものがあります。こういうのは、支給されている間は当たり前の感覚で、その恩恵を意識することはあまりありません。意識するのは、なくなってからのことです。もっと意識させられるのは、年金の支給がはじまってからです。

自営業者はサラリーマン時代の同僚と「ねんきん定期便」の話を決してしません。そこに記載されている将来の支給額見込みが嫌なのです。かつての同期と年金の話をしていて、「お前、好きなことやれたからいいじゃないか」と言われたとしても、いたらもらえたというものをもらえないというのはつらいものです。もちろん、自分からそこを飛びでたのだと充分分かっています、でも、人間、所詮はいいとこどりをしたがる生き物なのです。仕方のない奴ですよ、まったく。

有給休暇も労働基準法上の休暇が付与されていたとしても、大事なのはそれが本当に取得できるかということです。カタチとしては付与されていても、実質、全然取れなければ意味はありません。それどころか、あるのに取れないとストレスも溜まるというものです。

ひどい場合は、労務管理上、取ったことにしておく。朝、ちょっとだけゆっくり寝て出社するだとか、一五時か一六時ぐらいまで仕事をしてから、気持ちちょっと早上がりするとか、昔はそういったこともしていたものでした。

今のコンプライアンス（法令遵守《じゅんしゅ》）のご時世ならまずアウトです。昭和の時代はそういうことも珍しくはなかったのです。「仕事が追いつかないから仕方がない」「有給、取る余裕なんてないよ」といった会話が当たり前のように飛び交っていたのです。そういえば、私も、転職の際に、取れずに溜まっていた有給休暇を随分《ずいぶん》無駄にしたものでした。

有給休暇の付与も大企業と中小企業では違っていました。私が経験したのは、大企業は法定より多いということ。中小企業は法定を下回ったら違法ですから、法定遵守はなんとかはたします。ここにも格差があるのです。給料がある休暇ですからね。これは給料が違うのと同じ意味なのです。

何が何でも維持したい条件が不明確なのを避ける

中途入社者というのは、案外、転職先の会社のことは知らないものです。もちろん、採用試験の際に、それなりには調べているので、ある程度のことは知っています。とはいえ、それは外観から大まかに分かるぐらいのことに過ぎません。その会社の中に知り合いがいて、深く実情を聞ければいいのですが、現実には、そうもいきませんし、聞けたら聞けたで、あまりにもディープな裏話を聞いてしまうと入社の決心がつかなくなります。実際に多いのは、さまざまなことが曖昧なまま入社の意思決定をしてしまうことです。

入社したあとで、明らかになる現実の数々。それが予想外によいことばかりなら、自分の慧眼《けいがん》に拍手！　といったところですが、実際には逆のほうが遥かに多いです。転職を幾つか重ねた私にもそれは多々ありました。

たとえば、

・四週六休と聞いていたが、私の理解は「隔週休二日制」だった。ところが実態は、「月に四回は休めるが、あとの二回は状況次第。連休は月に一回取れればラッキー」。

・ボーナスはこれまでの実績は夏と冬の二回計三ヵ月。三月に決算賞与ありと理解していたのが、実態は、三ヵ月はよっぽど業績がよい場合。もらったのは夏の一ヵ月にも満たないものであった。当然、決算賞与は期待できない。上場企業に勤めていたときは、いくら業績が悪くても最低限は幾らという協定があったので、そのように理解していた私の浅はかさが露呈《ろてい》しました。中小企業は短期業績の給与と賞与への直撃度合いがめちゃくちゃ強いということを実感しました。

・従事する仕事の説明は細かく受けていたが、コンプライアンス上、疑義《ぎぎ》が生じるようなものが含まれるとはひと言も聞いていなかった。
・総務部門の仕事に経営トップの極めてプライベートな事柄がかなり含まれることを聞いていなかった。聞いていたのは、「オーナー企業ですから、まぁ、いろいろありますわ」であった。その後の質疑応答である程度のことは教えてもらったが、入社後直面したのは「えっ、これをやらないといけないの？」といった類いのものが多発していった。
年月を経て、振り返ってみますと、いろいろあったと、感じさせられます。

「転職」とは働き方の一手段

これを読んでいるあなたは終身雇用を信じる人でしょうか。逆に、信じない人であるのなら、この本はよりお役に立てます。いや、信じる人を拒絶している訳ではないのです。そういう人は会社へ示すロイヤリティーを高めるだけ高めて、会社に貢献していったらよいのです。そして、そういう会社に勤務できる身の上に感謝したらよいかと思います。これは、決して、皮肉ではありません。

ここからは、それは分かりながらも、そうはできない人、ある程度はできるけど、それだけでは不安という人向けの話です。

昨今は、国の旗振りで、「働き方改革」が声高にいわれております。あくまでも人材開発コンサルタントとして数多くの企業と触れ合っている中での私の実感値ですが、この動きは詰まるところ、目に見える変化としては、過労死問題とも絡《から》み合いながら、長時間労働ならびに残業削減の動きを加速させていきます。

現に、そのような動きが既にでだしています。ともすれば、労働時間のことばかり表に出てきていますが、その行く末は、私は曖昧さを許さない誤魔化しのできない働き方の到来になると予想しています。

もう意味のない労働はできなくなります。ただ会社にいるだけで、成果物を生み出していないのに仕事をしているかのように思わせることはできなくなります。とにかく、早く帰らないといけなくなりますからね。すべての仕事が「その仕事、本当に必要なの？　そこまでやらないといけないの？」と効率化を考えるための疑問の嵐にさらされます。

ＩｏＴ（モノのインターネット）、ＡＩ（人工知能）、ビッグデータ等々の新たな技術革新の発展と普及は、「その仕事、人間がやらないといけませんか？」というとてつもない問いかけも仕かけてきます。話がやや近未来っぽくなりましたが、考えようによっては、「働き方改革」は、まだまだ序章に過ぎず、変革の波は緒《しょ》に就いたばかりだということです。

ＩＴ（情報技術）のこれからの発展については、我々は明確にある程度のイメージを一般市民レベルでももつことができます。

今、みなが手にしているスマートフォン、スマホというほうが一般的ですね。一〇年前には、ここまでになると、一体、誰が予想できたでしょうか。スマホなどは電話というよりパソコンで電話をしている感覚です。そんなことをちょっと頭に置いて、これからの自分の働き方を考えると、新卒で入った会社に一生を預けるというのは、その会社に環境変化への的確な対応を永続的に（少なくとも自分が在勤中は）求めるに等しい行為です。怖いのは、これは、自分はその会社から必要とされ続けるということを暗黙《あんもく》のうちに前提にしています。

環境変化への対応力がある会社ほど、スピード感をもって、大きく変化をしていきます。当然、組織もそれを構成する社員も大きな変化を求められます。これは口で言うのは簡単ですが、実行するのはとてつもなくたいへんなことです。

今まで自分がやってきたことを完全にリセットして、新たなことに取り組まないといけない局面が多発します。このような状況を「楽しい」と思える人は稀《まれ》でしょう。なんだかんだいっても、人間、慣れたことを慣れたやり方で、自分にとって無理のないペースでやれるのが心地よいのです。しかも、年月が経つと、自分は昇進し、部下をもつようになり、めんどうくさい現場のことは部下が全部やってくれる。これを可能にできたのが、これまでのサラリーマン世界だったのですが、今やそれは理想郷に過ぎません。いや、それがはたして、理想と言ってよいのかの疑問さえでてきます。そんなスタイルはもうあり得ません。

人間、最後に頼りになるのはやっぱり自分です。とにもかくにも自分の頭でしっかり考えて、動くことです。考えるためには、今、自分を取り巻く環境がどうなっているのかに関する情報が必要です。

いわゆるホワイトカラーといわれる人たちで、会社と家の往復ばかり。食事するのも社内の人ばかり。新聞は読まず、専門誌も読まず、ニュースはたまにネットで読むだけ。しかもその内容を何ら考えることなく鵜呑《うの》みにしている。こういう人は、自分の無力化を将来にわたって、鍛え上げている人です。

これからの時代、自分の会社は事業を継続できるのか否か。そして、自分はその継続にどれほどの貢献ができているのか。これぐらいの危機感を最低限もってもらいたいものです。

会社が継続困難なら、また、継続のために必要な変化を自分が受け入れられないようなら、そのときはもう外部に活路を見出すしかありません。

アイリスオーヤマという会社があります。ユニークな家電製品で、消費者の注目を集め続けている会社です。その原動力となっているのは、パナソニック、シャープ等々名門家電メーカーの元技術者たちです。アイリスオーヤマは今でこそ注目を浴びる企業ですが、昔はそうではなかったのです。そこへ一介の技術者として飛び込んでいく気持ち。その中には元管理職の方も多数含まれていたそうです。

「仕事の種類は会社が決めてくれる。自分はその仕事をこなすのみ。それがサラリーマン」

こういう考え方は本当に危ない。

「自分の職は○○○だ。それをやれる環境に移る」これが真の意味での職を「転じる」=「転職」です。

転職したあと、年齢の高い新入社員を演じられるかどうか

同じ会社に入社したばかりの社員。ひとりは学校出たての新卒者。他方は他の会社で経験を積み重ねてきた中途入社社員。この両者には大きな違いがあります。見れば分かるといわれそうですが、案外、当たり前のこととして見逃されているものがあります。それは給料の違いです。

たいていの会社でいちばん給料が低いのは、高校を卒業して入社した人です。その人は専門性がないのは周知《しゅうち》ですから、まわりも納得をするところです。あとは、専門学校卒、大学卒、大学院卒と学歴の違いの差（あくまでも初任給です）がありますが、これも仕方がないという差で許容されています。そこは理解して入社していますから、入社後に当人が表立っ

て文句を言うことはありません。

ややこしいのは、学歴のあとに、職歴を重ねている中途入社者です。この人の給料は職歴への対価、いや、評価額といったほうがいいです。だいたい、目に見えない、見えにくいものに値段をつけているというのが無茶な話です。

「どこどこの会社の何々部門でこれこれの仕事をしてきて……」という話に、月給〇〇万円でいかがですかという答え方をしている訳ですから、考えてみれば極めて曖昧なものです。ということで、中途入社者は、「なぜ、こいつがこんなにもらっているのだ？」という目で見られていることを身に沁《し》み込ませていたほうがよいのです。

私が勤務していた会社である部門を拡充《かくじゅう》するということになり、大々的に中途採用を行ったことがありました。ねらい目は、その部門を中心事業としている大手企業をリストラされた人です。私は採用の事務局長的な役回りでした。求人をかけましたら、くるわくるわ。

そのうち、ある大手の会社に目をつけました。その当時、経営危機から大規模なリストラをしていたのは業界筋ではよく知られていた会社でした。応募者の中で、この会社出身の元部長という方がいました。「一年前に早期退職募集に応じて、退職して自営業に転じるも……」という経歴に気になるところはないでもなかったのですが、経営トップからの緊急かつ重大オーダーです。すぐに応えて、成果をださないと、採用部門はえらいことになります。

この方と面談してみて若干《じゃっかん》の危惧《きぐ》もあったのですが、今の自営業がうまくいっていなくて、すぐに就職したいとのこの方の事情と、すぐに採用成功→入社者誕生の図式をつくりたい人事部の思惑《おもわく》とがマッチして採用となりました。この方が、ひとり入ると、その知り合い筋でリストラに遭《あ》った人を続々と採用できるようになりました。

あたかも、この会社を部分的にですが、うちの会社が買収したかのような様相《ようそう》を呈《てい》していました。

採用できたのは担当者としてはよかったのですが、そのためには、超法規的措置が必要でした。この中途入社者たちを当社の給与体系で処遇することには無理があったのです。一例を挙げれば、三五歳ぐらいの中堅クラスの人でも、希望年収（その人がもらっていた実績）の金額は、当社の課長クラスを大きく凌《しの》いでいたのです。その方とはいろいろと交渉をして多少は希望を下げてもらいましたが、それでもかなりの差です。しかもその方は「これ以上下がるのなら、御社には行けません」と切り札をぶちかましてきます。

こちらは、経営トップのお声がかり、所定の期日までに新しい部隊を編成設置できないと、懲戒《ちょうかい》ものです。そういう事情でしたので、苦渋の決断でしたが、当社の給与体系とは別枠の個別年俸契約で対応することになりました。自分より年下で、前の会社で役付者でもない人が、当社で既に二年余りの苦労をしてきて係長をしている自分よりも、遥かに多い給料をもらうというのは、なかなか複雑な心境でした。この条件を書面にして提示したら、ご本人から「もうこれ以上は無理なのですか？」と聞かれたときは、「殴ってやろうか」との感情が一瞬胸をよぎりました。しかし、「いやなら、来るな！」とは死んでも言えません。採用担当者もなかなかストレスの溜まる仕事なのです。

　ちなみに、最初に入ってもらった元部長、これがとんだ食わせ者で、入社後のトラブルに、採用担当と同時に人事担当者としては悩まされました。採用時の危惧がズバズバと当たっていったわけです。人事部門内では、「やっぱりな」というのが共通認識でした。

　ただ救いは、この元部長が開けた窓から入社してきてくれた人は、当たり人材が多かったことです。そういった意味では、この元部長は罪だけではなく、功もあったのでした。これも後日談ですが、当たり人材の中でも、飛び抜けて入社後の評判がよかった方と話をする機会がありました。別件の話が終わったあとに、元部長のことを話題にしてみたら、「実はあの人は……」の話が続々とでてきました。前の会社でも問題社員だったのでした。その方は元部長の人徳に惹《ひ》かれてなどということではなく、純粋に転職先情報をもらっただけだということでした。

ボーナスを一回、場合によれば一回半は損をする

　転職してきてつらいことは数々あれど、そのほろ苦さで一段増しなのが、転職先に入社してからのはじめてのボーナス支給日です。入社日とボーナス支給日のタイミングで、寸志《すんし》が出ることもありますが、概《おおむ》ね支給はなしといったところがふつうです。

　私はどうだったかと思いだしてみると、①五月に入社した会社。七月の夏のボーナスはなかった。②九月に入社した会社。一二月の冬のボーナスはなかった。③一二月に入社した会社。当然ながら一二月の冬のボーナスはなかった。とまぁ、なんと三回もボーナスをもらっていません。おっと、忘れてはいけないのは、③では、前の会社での一二月支給のボーナスももらってはいませんので、これを入れると四回です。

　ドライな話ですが、ボーナス支給額計算中に退職の意向が人事に伝わると、金額が変更になることはあり得ます。私はサラリーマン生活最後の会社は七月退職でしたので、夏のボーナスはもらいました。ただし、私は、人事部門にいたのと、期待されているのに自己都合で辞めてしまう責任を取る意味で自らけじめをつけようと、A評価で計算してもらっていたのを自主的にB評価に落として計算した金額をもらいました。管理職でしたので、そういうこ

とを自分で決めて実行できたのです。

その後、独立開業となったのですが、すぐに襲ってきた経済的苦境を考えると、いい格好しないでもっともらっておけばよかったなと正直、思いました。まだまだ経営の苦労も分からぬ、いい格好しいの青二才だったのでした。

転職の時期によって、ボーナスは、確実に一回は損をします。人事評価期間中に退職を決めてしまうと、評価は下がります。下手をすれば、A評価でも二段階下がってC評価になることもあります。そうなれば、半額になるかもしれません。辞められる会社にとっては、去りゆく人に厚く支払うよりは、これからも貢献してくれる人に払いたいのですから、これは仕方のないことです。過去の功労はこちらからは言いにくいものですし、言っても認められにくいものです。日本では、まだまだそんなことを自分から言うべきでないとの風潮もあります。確かに功労は他人が認めるものです。

中途入社は新卒より割を食うと思っておけ

中途入社したあとに、気をつけておいたほうがいいのは、今、自分が受けている処遇は、同期の新卒入社者と比べてどうなのかということです。社内の資格等級が同じペースで上がっているのかそうでないかはあなたへの期待レベルの表れです。

入社時の最初の格づけで多いのは、同期の新卒入社者の真ん中ぐらいといったところです。トップクラスと同じというのはあまりありません。その人が類《たぐ》いまれなる才能を買われての入社であれば特別な処遇はありますが、そこまではないのなら、まずは、真ん中ぐらいで様子を見てといったところです。ただし、前職の給料との比較の関係で、どうしても採用したい人材であれば、同期の新卒入社者よりは扱いはよくなります。この場合は基本給でというより、調整給で下駄《げた》を履《は》かせるという方法をよく使います。

同期（自分が入社したときの年次と同じという意味）の新卒者がほとんどいない会社であれば比較対象はいないのでいいのですが、いた場合は最初は、割を食うと思っておいたほうが腹も立ちません。

「新参者」とか「外様《とざま》」という言い方はあまり聞き心地のよくないものですが、そこは過度に気にせずに、あとからじわじわと真価を発揮《はっき》すればいいのです。そのうちずっと前からいたかのごとき存在になっていきます。

いつのころか、新しく入ってきた中途入社者のことを「新参者」と読んでいる（または内心、そう思っている）あなたになっています。そのときのあなたは自然に「うちの会社」という言い方ができるようになっているはずです。

辞めるにもエネルギーがいる

もうどうしようもなく会社にいくのが嫌だ。このままでは、心身に重大な不調が訪れるのは間違いないところだというのなら、そのときは、今の会社は単なる勤め先のひとつと思えばよい。仕事は仕事で割り切れといってもどうしても割り切れないのならそれは仕方のないところです。どうあっても辞めたいのなら辞めたらよい。

辞めることを決意したら、退職の手続きに入らないといけません。そのとき、自分が自分で思う以上にまわりから評価されていたとしたら、そこから別の困難がはじまります。なかなか辞めさせてくれない事態との遭遇《そうぐう》です。いわゆる、引き留めとか慰留《いりゅう》といわれるものです。

転職を四回繰り返した私ですが、自慢じゃないですが、そのうち三回は引き留めてもらっていました。あとの一回は、退職の理由が給与条件の明らかな希望との格差ということでしたから、私の気持ちを汲《く》んでもらいあえて慰留せずとしてもらったものでした。

これ以外の三回の転職時、言い換えれば退職時はたいへんでした。まずは、退職の意向を直属の上司に申し出ると、そのまた上司に話がいき、そうこうしているうちに他の部署の先輩からも連絡があり、「お前、早まるな」だとか「お前とまだまだ一緒に仕事がしたい」とかの有り難い言葉のオンパレード。「○○○に異動しないか」「今度、新しいプロジェクトがはじまるからそちらでどうだ」といった思いがけないコンバートの話もでてきました。

そうした申しでに、感謝の気持ちを抱きながらも、私の心中は複雑でした。そうしたことは、退職を決心した身の上にとっては、前に進ませてくれないことでもあったのです。相手の方々に対しては、極めて失礼な言い方になりますが、「余計なお世話」であったのです。コンバートの話も「辞めると言いだす前に言ってきてよ」とさえ思っていました。

ちなみに、因果応報《いんがおうほう》、会社を辞めた人間は、部下に辞められるという経験が後年待っています。私も部下に辞められる立場になり、そのときの上司はじめまわりの人の気持ちが痛いほど分かったのでした。

それはさておき、引き留めの中でも、サラリーマン時代の最後に勤めていた会社を退職するときがいちばん衝撃的でした。中途入社で係長として入社した私は、その後三年半の間に、課長、次長と出世の階段を駆け上らせてもらっていました。昇格の最終決裁は社長（オーナーのご子息）・会長（オーナー）でしたから、この時点では、私はオーナーに高く評価されていたようでした。

ところが、経営者の心、管理職知らずで、自分の人生においてやりたいことを見つけた私は退職に超がつくほどの前のめり状態になっていました。会長直々の面談（慰留）にも、首を縦にはふらず、「ご期待に応えられず、申し訳ございません」と深く頭《こうべ》を垂れるのみでした。

社長は私の気質を理解してくれているのか「カドワキ君は決めたら考えは変えないものな」とあえて慰留はしないでくれていることをまわりの幹部から聞いていました。あとは、会長の承認をもらうだけと思っていました。面談してから数日後、会長秘書から連絡をもらい、私は会長室に赴《おもむ》きました。話は前と同じです。「考え直してくれたか」と問われても、私の腹は決まっています。またまた「申し訳ございません」とお詫《わ》びするのみでした。

二回目のそのときは、一回目よりも深く頭を下げていました。半土下座状態です。何が何でも辞めさせてもらわないと困ったのです。もう辞めさせてもらうのに必死でした。

会長は何も言わず、数秒が流れたでしょうか。一瞬、これで納めてくれるかと思った私が甘かった。「僕がこれほど言うても分からんのか！」会長の声には怒気が含まれていました。「もういい」会長の、人を振り払うような空気に、私は会長室をあとにしました。

後味はよくなかったのですが、これで、話は終わったのだと思いました。退職を申し入れても、すぐに会社に行くのをやめる訳にはいきません。まだ残務も残っていましたので、それからも私は出社していました。辞めるにしても残務を引き継いでおかないといけません。後任のスタッフに話をしておかないといけないことがまだまだありました。会長室での二度目の慰留から数日後でしょうか、私の所属部署のフロアに会長が現れました。私の顔を見るなり、こう言い放ったのです。

「お前はいつまでいるんや。早《はよ》うでていけ！」会長はそれだけ言うとすぐに外出をされました。私もびっくりですが、まわりの皆もびっくりです。当時のこの会社での身の処し方はそれなりに分かっていました。

私はある決心をしてその場にいた部下の面々に「今日で終わりにするね」と告げました。そこからは、急遽《きゅうきょ》の荷造りです。会長の示した怒りモードから、次に戻ってきたときに私の姿がまだあったら、どういうことになるかよく分かっていました。

かくして、夜逃げのように私はこの会社を去ることになりました。送別会もありません。こんな私のために送別会をしたら、してくれた仲間が断罪されます。そうなのです。私は立派な裏切り者になったのです。

慌てて荷造りをして、送付の手配も部下に頼み、最寄りの駅に向かっていた私を追いかけてきてくれた人がいました。直属の部下ではないが、同じ部署の仲間のKさんでした。彼は私へのプレゼントを携《たずさ》えていました。「カドワキさん、送別会もできなくて……これ、みんなからです」温かい心遣いでした。

「ありがとうございます。ごめんね。なんかこんなことになってしまって」

私はそう言うのが精一杯でした。今でも、この環境の中で、ギリギリのことをしてくれた仲間たちには感謝に堪えません。

このようなことを綴《つづ》っていると、何やら会長はとんでもない暴君のようですが、それは違います。確かに個性が際立つ人ではありましたが、万事に一生懸命な人で、その表現の仕方が独特だったということだけのことです。私については、かわいさ余って憎さ百倍というか、それだけ買ってくれていたのでした。一回目の慰留のときに、「僕のそばで仕事をせんか」とのお誘いも受けていたのでした。

肩書でいうと会長室室長といったところでしょうか。ところが、誘われた当の本人はそんなことは絶対にやりたくないことだったのです。

狙うは独立開業ですから、どうあっても相容《あいい》れることはありませんでした。サラリーマンとしては、しかもオーナー企業勤めなら王道中の王道。でも、それは私には行きたい道ではなかった。ですから、どんなに慰留されても頑《がん》としてグラつきませんでした。逆に土下座してまで辞めさせてくれという始末ですから、会長のプライドを大いに傷つけたことは、後年になってからですが、私にもよく分かりました。

かくして、私のサラリーマン時代は事故死のように幕を閉じることになりました。会社にいかなくなって一週間ぐらいは、ただただぼーっとしておりました。死んだ（退社した）実感がないといいますか、サラリーマンとしての私は成仏していなかったということだったのでしょう。これには後日談があります。独立開業して三ヵ月も経ったころでしょうか、独立時の目論見《もくろみ》がことごとく外れ、私は窮地《きゅうち》に陥っていました。

そんなときです。自宅の電話が鳴りました。懐かしい声でした。「あー、あのぉ、カドワキ君、うちに戻ってこんか」。会長です。私をまた誘ってくれたのです。窮していた私はこの誘いにぐらつきました。実はこのとき、家族との生活にも危機が訪れていたのです。でも、そこには、また、「お気持ち嬉しいですが……」と電話口でお詫びをしている私がいたのでした。土俵際でのギリギリの踏ん張りでした。

第四章　退社・転職へ

家族に言えない仕事をするのはこのうえなくつらい

転職を考える大きな原因のひとつに仕事のつらさがあります。労働条件、人間関係、仕事の内容等々挙げだすと、（本人にとっての）つらさは、数々でてきますが、ここではあまり表にでてはこないけど、重大なものを挙げます。仕事のつらさをシンプルに二種類に区分するとします。

「そのつらさを家族に言えるか、言えないか」です。

言えない仕事とはどういうものか、想像できるでしょうか。私の場合は今風の言葉でいうとコンプライアンス（法令遵守《じゅんしゅ》）に関係するものでした。

忘れもしません。その日の朝刊を見て、びっくり仰天しました。それは、プラントエンジニアリングの会社の社員が逮捕されたという記事でした。公正な入札を妨害した云々とそこには書かれていました。逮捕容疑は、有印公文書偽造・同行使及び競売入札妨害。一緒に仕事をしたことはなかったのですが、記載されている名前には覚えがありました。かつて同じ会社にいた方々でした。珈琲カップをもつ手が震え、心臓の音が高まった感触が今でも思いだされるぐらいです。それほど衝撃的なことでした。

このときは私がその会社を辞めてから一〇年以上の月日が経っていました。この会社を辞めたのには他の理由もあるにはあったのですが、実は、最も大きな要因がこのような事態に巻き込まれたくないからだったのです。でも、妻にはそのことは言っていませんでした。誤解のないように申し添えておきますと、そのときの私はこういったことをやる立場ではなかったのですが、自分の身のまわりでこうしたことが行われていたであろうことは、薄々感じていました。上司もその当時の私ごときには、内幕はまだ知らせてはいなかったのです。とはいえ、上司からは、「君も、もっと成長したら、将来は……」ということはにおわされていましたので、嫌な予感はありました。余談ですが、事件から五年ほど経ったころ、この会社のかつての仲間と一杯やることがあったのですが、そのときは、「今は、カドワキさんの知っている〇〇〇じゃないですよ」と教えてもらい、時代の変化に感じ入ったものでした。この会社はその後、徹底的なコンプライアンス経営になったことを教えてもらいました。ただし、これは働く社員が楽になった訳ではなく、大変になった部分もあったのです。今までは、談合のシステムの中で、順番を待っていればよかったのが、入札案件は競争相手多数のガチンコ勝負になったのですから、営業活動の真の強さが問われるようになったのです。

今のご時世は、「コンプライアンス」を大切にするのが当たり前になっています。それはそれで、手続きやら注意事項に面倒くささを感じることがあるでしょうが、コンプライアンスに反することは明確に断ることができます。

いいところもたくさんあったこの会社だったのですが、採用試験のときには、このような業務をする可能性があることは露《つゆ》ほども説明はありませんでした。求職者のほうからも確かめることはできませんでした。下手《へた》に訊《き》いたら採用は無理だったでしょう。今なら、「コンプライアンスについては、どのように経営に取り入れておられますか？」と訊けばＯＫです。求人側は、口が裂けても「うちは取り入れてはいません」とは言わないはずです。あなたは、入社してもこのやりとりがあれば、違法な要望があっても「コンプライアンスに反することはできません」と言うことができます。

その昔、上司から、「もし、今、当局がここに踏み込んできた場合は、このファイルをもって逃げてや」と言われたときの衝撃を今でも忘れることができません。そのとき、自分はとんでもないところにきてしまったのだと思い知らされました。もっとも、時間が経って振り返ってみれば、そのときの上司もそのまた上も、複雑な思いでことに当たっていたであろうことは想像できます。決して、彼らも好きでやっていたわけではなかったのですから。

家族に言えない仕事はしないほうがいいです。

最初で最後のつもりの転職のはずが

中途採用の選考が順調に進んでいくと、どこかのタイミングで給与条件の提示が求人側よりなされます。これがくせものです。これを口約束で済ませてしまうと、すぐトラブルのもとになりますが、書面でもらっても要注意です。きちんとした会社であれば、こちら（求職者側）からリクエストしなくても、通知書をくれるはずです。きちんとした会社の人事マンは、「騙《だま》された」と後でもめることを極力恐れるものです。「確かにあなたにはお伝えしましたよ」とのエビデンス（証拠）を必ず残します。

私が最初に転職した会社は、通知書はもちろんのこと、理論年収も教えてくれました。理論年収も平均的な評価の社員の例で、「カドワキさんの場合は、頑張っていただけると思いますので、これ以上になると思っていただければ」などと採用担当者から言ってもらい、「よかった！　ちゃんとした会社なんだ」と、安堵《あんど》したものでした。

今にしてみると、このへんに、条件交渉の詰めの甘さがほとばしっておりました。入社した後のお金の面のイメージが薄かったのです。薄いから、具体的に確認をすることができない。そこにきて、「俺は期待されて入るのだから、悪いようにはされない」などと脳天気《のうてんき》な性善説《せいぜん》全開でした。

最初の（そのときは最初で最後のつもりでした）転職で、妻の不安事項は経済面のことと熟知してたので、採用内定を受けたときには、「給料も下がることはないし、これから昇給もするから大丈夫」と言いながら妻の合意《ごうい》を取りつけて、めでたく入社と相成《あいな》りました。

このままいけば、なんの問題もなく、進んでいけたのでしょうが、入社初日に事件が起きました。就業規則の説明に続いて給与規則の話になりました。こういったところは自然に聞くほうも熱心になります。

私は本社ではなく大阪の支店に配属になったので、説明は支店の総務課長がしてくれました。話が退職金のことに及んだとき、総務課長の声に思わず、聞き耳を立てました。

「えーっと、君らにとってはまだまだ先のことやけど、退職金は、うちは五五歳で支払いになるからね」

人間、金の話はスルーできないものです。新参者でありながらも、こういうのはすぐに質問をしてしまいます。

私「確か、定年は六〇歳でしたね」

課長「そう。六〇歳やけど、うちは五五で退職金もらって、あと五年やねん」

総務課長はふつうに、それがどうしたのといった風情で、動揺《どうよう》はまったくありませんでした。あるのはもちろん私のほうです。これからどこまで出世していくか皆目《かいもく》分からない身の上でも、一般的には、六〇歳の時点で退職金をもらうほうが多いであろうことは容易に想像ができました。しかも私はその前の会社で年数（七年ほど）を消費していますので、支給額に反映される計算期間がただでさえ少なくなってしまっているのです。

「こんなこととは思わなかった……」退職金を含めての生涯収入が減る恐れに直撃された私でした。この会社で大いに出世して、高い給料とボーナスをもらっていけば問題ないじゃないかと気を強くもとうとはしたのですが、安心している妻には、ちょっとすぐには言えない話となってしまいました。

入社してすぐに退職金のことまで突っ込んで話すというのはできないものですが、現在の条件との比較ということで、詰めた確認をするべきでした。退職金はサラリーマンを勤め上げた人間への最大のご褒美です。軽く考えずに、もっと、もっと重要視していくべきでした。後味ほろ苦過ぎる後の祭りでした。

オーナーの親族が高い地位に就いている絶望感は間違い

サラリーマン社長の会社とオーナーが社長の会社の大きな違いとは何か。それは多々あれど、オーナーが社長の会社内の組織に限っては、親族が高い地位に就いていることが珍しくないというのが特筆《とくひつ》すべき違いです。

社長の子息、兄弟姉妹が取締役ないし管理職の地位に就いている風景です。この親族たちが、誰が見ても優秀でその役割の適任者であれば文句はでてきません。実際にはどこをどう見ても、その程度の能力でその地位に就いているのはどうにもおかしい。こういう場合に問題が表出します。実力ではなく、「その家に生まれたというだけで異例の出世を遂《と》げる」。このように思ってしまうと、社員心理としてはやるせない気持ちであふれてしまいます。

私もかつてはあるオーナー企業に勤めていました。創業者が高い地位に就くことに対しては当然何も思いません。堂々たる代表取締役でいてほしいと心から思っていました。

問題はその子息が取締役という地位に就いていたこと。ちなみに他の役員は、五〇代から六〇代。実務のベテランで社業を支えてきた人です。一部、銀行からの出向者もいましたが、それでもどこかの支店長をしていた経歴をもっていました。

その当時、親族の役員は何人かいたのですが、なかに自分と年格好の近い人がいました。三〇代後半の若さでの取締役会出席メンバーです。この方が、経営戦略や経営計画についての意見を語っているところは見たことがありませんでした。しかし、実務で大失敗することはありません。ベテランの部長・課長が全面的にサポートしていたからです。

当時、若手の管理職であった私でもこの親族役員の仕事の力量は容易に想像がつきました。

正直な話、「この人、あんまり仕事できないな」と感じていました。もちろん、接するときには礼を失することはしませんでしたが、江戸時代じゃあるまいし、「生まれた家で身分が決まるのかよう」と心の中では毒づいていました。

それでも会社を実務で支えているのは俺たちだとの気《き》概《がい》で毎日をがんばっていたのですが、ある日、非ファミリーの役員からショッキングなことを聞きました。それは、オーナーと何かの案件で意見が対立したときに、どういう訳かご子息のことが話題に出て、「○○○（ご子息の名前）がいちばん信用できる」と言ったという話でした。こういう話はひと言でも室外に漏《も》らせば瞬《また》く間に広がります。耳にした私たち社員階層は、「なんだよ。結局はそれかよ」と大いに落胆《らくたん》したものです。それを言われたら非ファミリーの人間は浮かばれません。嘘でもチャンスは平等に開かれていると信じたいのです。

オーナー企業に就職するということは、社長には決してなれないサラリーマン人生であると覚悟しておいたほうがよいのです。例外的に非ファミリーの人間が創業家に代わって社長になることがありますが、こういうときは創業家に、他に適当な年格好の人材がいないというこどならいざ知らず、そうでなければ、ほぼ間違いなく、火事場での就任です。会社存亡の困難なこと極まりないところでの登板です。楽な訳がありません。うまくいって当たり前、いかないとすぐに放逐《ほうちく》です。

何やら、非ファミリーの人間がファミリーに対して不満をぶちまけているような感じになってきましたが、これが実態です。とはいえ、では、ファミリーが楽かというとこれがそうでもないのです。

これは、私は、後年、サラリーマンから自営業者になったときに痛感しました。自営業者は事業展開のために金融機関から融資《ゆうし》を受ける際に、個人保証を必ず求められます。ホント、腹立たしいぐらいこちらのことは信用してくれません。「この人は本当に借りた金を返せるのか」と常に疑われているようなものです。かくして、自営業者がお金を借りるときには、連帯保証人に自分の署名捺印《しょめいなついん》となるわけです。これが、父と母の範囲で済めばいいのですが、それで収まらなくなったら子どもの出番となります。ファミリー役員はこのような資金調達の任を担っているのです。はんこをつくだけでも重責《じゅうせき》をはたしているのです。はんこをついていなくても、父・母の連帯保証債務は相続の対象となりますので、ここから負の遺産を背負うこともあります。自営業者になって、この世間の仕組みに気づいたときは、「ああ、あの息子さんも実は結構、たいへんやったかもしれなかったんだなぁ」と思いました。

私は、その会社の資金調達の詳細までは知り得てなかったのですが、社員にはとてもうかがい知れない苦労がいろいろとあるというのは、自分が小なりといえども経営者の世界に入ってみて、具体的に理解できるようになりました。絶対に自分を裏切らないという視点では、それはやはり赤の他人よりは血族というのも分からないでもありません。自分（社員）側からの、一面だけ見ての判断だけでは分からないことが沢山あるのです。

こういう話を聞いたことがあります。ファミリー企業に勤めていた人がオーナーに認められて、自分のあとの社長にと推挙《すいきょ》されました。喜んだその人でしたが、オーナーから「次の銀行借り入れは君の個人保証だからな」と言われて、唖然《あぜん》としていたとか。この後任社長候補は、新規事業の展開の必要性を強く提案していたそうです。そこが認められたということなのですが、いざ、社長になって提案が実現できるかと思いきや、そこには金の問題があったということです。大会社や子会社のサラリーマン社長はこの金の苦労が足りません。ゼロからのたたき上げの創業オーナー社長の迫力との違いはここからもでてきます。

余談ですが、独立開業した私の会社に娘が入社しました。小さい会社ですが、代表取締役の私と取締役の妻。そこに娘が取締役として加わりました。そう、我が社は明確なファミリー企業です。将来、非ファミリーの方々が社員として加わったら、どう見られるのか。因果《いんが》応報《おうほう》、他人の目の厳しさに苦笑することになりそうです。

所属部門を将来、切り売りされることを想定せよ

業績が悪化して、にっちもさっちもいかなくなったときの会社の対応としては、かつては倒産がその結末だったのが、「リストラ」という便利な言葉ができて、陣容《じんよう》のダウンサイジング処置をするのが主流となりました。言葉遣いはさておき、要は首切りです。当たり前のごとく、社員からは思い切り不評な施策《しさく》です。

最近、目立ってきたのが、首は切らないが、社員がごっそり所属部門ごと、他社に移ること。社員サイドから見ると、出向ではなく、移籍《いせき》です。当社を退職して、退職金を清算して、新会社に移る（入社する）ということ。仕事の内容は変わりませんが、社名が変わります。ユニフォームも変わりますし、他にも変わることが続々とでてきます。

新しい経営者は事業譲渡に当たり、雇用の継続という条件をつけられたかもしれませんが、それは前の会社からの移籍は認めるものの、その後は、新しい会社のルールに従ってもらうことになります。もう前のようにはいかないのです。

最近の傾向としては、譲渡先は日本の会社とは限らないということです。家電メーカーの

シャープを買収した台湾《たいわん》の鴻海《ホンハイ》精密工業のニュースは記憶に新しいところです。二〇一六年八月より経営の立て直しを進めてきたシャープは二〇一七年一二月に東証一部に復帰をはたしました。シャープは私のような関西の人間にはとても馴染《なじ》みの深い会社ですが、まさかの外資系への転換でした。五年前にこのことを予想できていた人がどれほどいたでしょう。まさに、変化の激しさは年々増しています。

今、あなたのいる会社のある事業部門を世界のどこかの会社が狙っているかもしれません。買収されたら、あなたの会社生活はまったく違うものになります。

ろくでもない人ばかりだと感じているが

今の会社を辞めたくなる理由のひとつに一緒に仕事をする人の魅力のなさを挙げる人がいます。先輩も上司も経営陣もどいつもこいつもボンクラばかり。見事な仕事ぶりなんて見たこともない。上司の無能さにあきれながら、これで自分より多い給料をもらっているかと思うと腹立たしさが湧きでてくる。

確かに、日常がそうであるのなら、そういう気持ちも分からないでもありません。こういう環境に身を置いていても自分はちっとも成長しない気がしてくる。もし、そうであるのなら、まさに自分の居場所を変えたくなる環境になっているということです。

それでは、思い切って環境を変えられたら、あなたは満足するのか。実際はそうとは限らないのです。思い切って移ったその先は、まわりはどの人もシャープで仕事はバリバリこなす切れ者ばかり。高いレベルの同僚に囲まれて、その中で負けじと精進《しょうじん》するあなた。なるほど、日々成長していけそうな雰囲気《ふんいき》は漂います。

でも、疲れませんか。ひょっとしたら、あなたは実力最低レベルでこの新しいチームに加わっているのかもしれない。そうだとしたら、最下位からのし上がることが求められるのです。かつてどいつもこいつもボンクラばかりと文句を言っていたのが、翻《ひるがえ》って、そのボンクラと言われる立場になっているかもしれないのです。

ボンクラとかポンコツと呼びたくなるような人たちには腹も立ちますが、そういう人がいるおかげで、ほっとできる場面もあるのです。「あの人、どうしようもないなぁ」と苦笑いさせられながらも、まわりを気楽にさせている効用もあるのです。世の中、エリートばかりで構成されている訳ではありませんので、人のキャスティングはできるだけ幅広く構えておいたほうがよいのです。

ろくでもない人とうまく仕事をするコツをつかんでおくと、あなたの人材把握力は上がります。これは、人を動かす力を上げることにも通じます。将来のリーダー、マネジャーとしての器をつくっていくためにもチャンスの環境だと捉えられるのです。

サラリーマンは上司を選べないですが、部下も選べません。選べない部下といかにうまくやれるかが、あなたの将来には問われるはずです。こんなスキルを習得できるのに、他社にいこうとするのははたして得策《とくさく》なのかどうか、簡単に結論を出さないほうがよいのです。身を置く環境のよし悪しはモノの見方、捉え方次第でもあります。

この会社の方針が気に入らない

会社というところは方針というものを打ちだします。それを受け取る社員の声としては、「うちの会社のやり方はよく分からない」「どうして、そんなことをやるのか」「あれもやれ、これもやれとやることが多過ぎる」「力を入れることがコロコロ変わり、ついていけない」等々、どちらかといえば、肯定的なものより否定的なものが多いのが実情です。

経営陣の話を聞いた管理職はその考えを現場に分かるようにかみくだいて説明してくれればいいのですが、なかなかそうしてくれる上司がいないのも確かです。正直な話、経営陣の思いが分かっていない管理職も珍しくはありません。もっと分かりやすく説明してほしい気持ちを抱きつつも、とりあえずは言われたとおりに動かないといけないのがサラリーマンです。

「会社の経営方針に従うことができない」

実はこれも立派な退職理由になり得ます。

あなたの気持ちは分からないでもないですが、あえて、「でもね」と私は言いたい。

同じエネルギーを使うなら、会社の考えを自分が納得できる説明をもらえるまで上司に訊《き》いてみたらどうでしょうか。その上司で埒《らち》が明かないのなら、そのまた上の上司に訊いてみたらいい。それでもあなたが理解できるように説明できない人ばかりだとしたら、あなたの会社では経営と現場がつながっていないと考えざるを得ません。

会社の方針というのは経営者が代わればいとも簡単に変わるということがあります。

従業員の立場では会社の方針は未来永劫《えいごう》不変のものではなく、人が代われば変わるものだぐらいに思っておいたほうがいいです。経営陣の交代と経営方針、上司の人事異動と部門の方針は連動します。

今が嫌でもこの雨は止《や》む可能性があることをお忘れなく。いちばん悔しいのは、「こんなやり方やってられない！」と会社を飛びだしたら、そのあと経営陣の交代があって、経営方針がガラリと変わることです。しかも、自分が賛同できる方向へと。そして、移った先の今の会社では受け入れがたい方針にまた苦しむことに。こうなったら、たいへんです。まさに「短気は損気」です。

どうやっても合わない人とは一緒に仕事をしないほうがよい

気がつけば、私も人生五〇年余りを過ごしてきました。それなりにいろいろな人と一緒に仕事はしてきましたが、現在の実感としては、「合わない人とはやっぱり合わない」ということを明言できます。とはいえ、そんな気持ちでいれば、合う人ではないと仕事はできないことになります。それはまさしく非現実的なことです。むしろ、職場には合わない人のほうが多いぐらいでしょう。そりゃ、ますますたいへんです。

職場生活の模範《もはん》的解答としては、「合わない人とも合わせていきましょう」ということになります。かくいう私は研修講師としてそういったことも教えておりますが、それは一時的で限定的なものと考えるべきものと強調しておきたいのです。

ハッキリ言っておきます。

「人間、合わない人とは合いません」

年齢が高くなるほど顕著《けんちょ》です。年を取るということは万事に柔らかさを失うということなのです。

　また、自分の考えを変えない所謂《いわゆる》頑固者は、男女を問わず、あちこちにいるのです。頑固者は自分を変えないと内心深く決めています。そして、自分とつき合うなら自分に合わせることを求めます。とても自己中心的です。そんな人たちですから、あなたとしては、ものごとを進めるために、この仕事を終わらせるために、「ほんのひととき、合わせてやろう。いいか、ほんのひとときだぞ。ずっとじゃないぞ」の気概《きがい》でいいのです。

　とはいっても、自分のまわりにいる人があまりにも自分と合わない人ばかりだったら、しかもその人の自分と合わないレベルが我慢できないほどであるのなら、その環境はあなたが長くいる環境ではないということです。そのときは仕方がありません。合わすにも限度があります。もっと合うところ、少なくとももう少し適合感のあるところを探すのにエネルギーを使うのが生産的というものです。

こんなに尊敬できる人が出世できないのか

　勤めている会社がつくづく嫌になる理由のひとつに、尊敬できるあの人が出世しないからというものがあります。逆に、どうしてあんな人が出世していくのかというのもあります。

要は他人の評価されている様を通して、会社の評価の信頼性をチェックしているのです。ここで気をつけないといけないのは、あなたが評価する基準と会社のそれとは違うということです。「会社の評価基準」をかみくだいて説明すると、「あなたの尊敬する人を評価する評価者の評価結果」ということです。すなわち、あなたの知らない評価基準で評価がされているということです。

サラリーマンは上司と部下のどちらの言い分を聞くべきか。模範解答は両方の言い分を聞くといったところですが、現実にはそうはいかない。現実的には、まずは上司です。課長は部長からオーダーされた無理難題を部下にやらせて仕上げさせてこそ、部長から「よくやってくれる」と評価されるのです。部下からの受けがいい人が必ず出世するとは限らないのです。「君は、部下のいうことを聞き過ぎるぞ。そんなことでは、困るよ」と部長から叱責《しっせき》される課長もいるのです。この課長への部長からの評価は「部下のマネジメントができない」といったものになります。かといって、人情派と対極のザ・コントローラーで、冷静無比に部下を動かす課長に部下が反旗《はんき》を翻《ひるがえ》し、課業が止まると、これまた同じ「部下のマネジメントができない」という評価になります。

ちょうどいいバランスでのマネジメントはかくも難しいものです。あなたの上司を見る目を少し広げて緩めてみると、見えないものが見えてきます。

私が自動車メーカーから神奈川《かながわ》県の販売会社に出向《しゅっこう》に出ていたときの話です。その販社の社長もメーカーからの出向者でした。ふつう、出向者というと、地場のプロパー社員にすれば急にきたよそ者で、受けが悪いのですが、この社長はまったく違っていました。包容力があるというか徳が漂っているというか、一緒にいて話をしているだけで心強くなるような人でした。

販社の本社は横浜《よこはま》にあり、二、三ヵ月に一度ぐらいで、私のいた平塚《ひらつか》の営業所に来られる際に、早朝、駅にお迎えに上がるのが私の役割でした。車中でも、こちらの話をよく聞いてくださり、「そうか、そうか」とふんわりと温かい雰囲気で包んでくれました。相手を批判しないし、頭から押さえつけて説教するということが一切ない方でした。決して、偉ぶらず、現場の悩みに耳を傾けてくれる方でした。

そして、この社長がすごいのは、「よし、わかった。ちょっと考えさせてくれな」と預かったことは、必ず部下に結果を連絡してくれるのでした。「あぁ、○○君か、この間の……だけどな」と。それは新入社員にも同様の対応です。もちろん、その社員の上司にも連絡は入れていますから、誰も傷つかないようにきめ細かく配慮《はいりょ》されていました。社長から連絡をもらって感激している新人が所長に「社長から今、連絡をもらいました」と報告したら、所長は（あぁ、知っているよと）ニコニコしているのです。

駅から営業所までは三〇分ほどで着くのですが、いつももっと一緒にドライブしたいなと思っていました。そして、営業所に着くと、プロパー社員の古参《こさん》の係長や主任が「今日は社長が来られる！」とうきうきとしているのです。このようなことはなかなかない光景です。このような上司は部下の力を引きだします。部下はこの上司と一緒に仕事ができることに喜びと誇りを感じます。「この上司のために」との気持ちがふつふつと湧き起こるとき、同時にそれは力を湧き立たせてくれるのです。

残念ながらこの社長は出向者。出向期限が来ると本社に戻られることとなりました。部下一同、大いに落胆《らくたん》しました。後任は、販売会社グループの役員のひとりが就任しました。メーカーからの出向者ではなく、地場のプロパーの方です。さて、この新社長に代わって様変わり。この方、人徳も何もあったものじゃありませんでした。

毎日毎日、怒号とともに「売上、売上」の追求の毎日でした。

ある週末、営業で外まわりをしている私に、営業所から「至急《しきゅう》、本社の社長に電話を入れるように」との連絡がありました。電話を入れると「明日の日曜日は休むのか」とお怒りモードでした。この月の私は売上が伸びず、苦戦はしていたのですが、その週の日曜日は家族との所用があり、なんとか休みをと思っていたのでした。

その次に飛んできた怒声は今でも忘れられません。

「こんな成績で休んでいいと思っているのか！」

こう怒鳴られました。確かに営業担当として業績不振の責任は認めますが、この言われ方は、つらかったです。前任の社長なら同じことを言ってくるにしても「カドワキ君、状況はどうかな」と言ってこられたでしょう。そう懐かしんでも、切なくなるだけでした。

私の歴代上司の中で燦然《さんぜん》とトップに輝くのはこの前任の社長でした。それぐらいの方だったので、メーカーに復帰後、さらに出世されることを願っていたのですが、メーカー本社部長職から取締役にはならず、役員待遇である参与《さんよ》というポジションでキャリアを終えられました。

私がこの会社を辞めた遠因のひとつには、「こんなに素晴らしい人がなぜ出世しないのだ」というのもあったのです。それとは逆に、「なぜ、こんな奴が出世するのだ」というのもありました。この会社の評価制度に疑いを持っていたのです。ところが、これは決して正確な見立てではなかったことを、その後の組織の中での勤務で私は感じ取っていきます。まだまだ若手社員に過ぎなかった私には、組織の中で上位ランクに引き上げられるための評価基準というのが分かっていなかったのです。また、高評価を得ていても、昇格先のポストが空いていないと上がれないということも分かっていなかったのです。

今でも夢想することがあります。この（私にとっての）名社長から「カドワキ君、わしと一緒に仕事をしよう」と誘ってもらったら、間違いなく「はい。喜んで！」と応えていたであろうことを。

社労士の試験に四回落ち続けて、分かったこと

「社会保険労務士（以下、「社労士」）という国家資格があります。読んで字のごとく、社会保険と労務管理の専門家です。私はこれを数年間にかけてですが、四回受験しています。見事、四回目で合格！　と書ければよかったのですが、サクラは咲きませんでした。

負け惜しみではないのですが、他の国家資格、「行政書士」は一回、「第一種衛生管理者」は二回で合格していますので、全然運がない（もちろん努力をしたうえでのこと）訳でもないのではと、自分では思っていますが、この社労士だけはご縁がありませんでした。ヤマは外れるわ、迷って解答したものはほとんどが×《バツ》（最初に考えた答えが合っていました）と、合格には到底届かないことばかりが続いていました。

さて、どうして、こういう資格試験を受けたかというと、自分のキャリアを大きくレールチェンジしたかったからなのです。

自動車会社に就職した私の配属先はまさかの情報システム部でした。文系学部で事務職採用ということで、この配属はまったく念頭になかったため、メガトン級のショックでした。しかも入社して三ヵ月の研修後の配属示達《じたつ》です。もう身動きが取れない状態です。入社前に通達されていたら、まず間違いなく入社辞退をしていたでしょう。

なぜ、そこまで嫌だったかというと、その訳は、入社前の私の経歴にあります。私は工業高専を中退して、文系に転じたいわゆる文転学生だったのです。技術者になるのがとことん嫌になって、苦労して文科系の学部の大学に入って、事務系採用のメーカーに入りました。そこまでは、キャリアチェンジも順調でした。配属は、総務か人事か経理か、そんなことをイメージしていました。

自分では可能性は低いとは思っていましたが、購買とか商品企画、はたまた国内営業、海外営業という配属可能性もあり、それはそれでそうなったら仕方がないと思っていたのですが、ひとつ気になっていたのが、事務系でも情報システム部配属があり得るということでした。ここだけは、なんとしても嫌だったのですが。やる仕事はシステムエンジニア、いわゆるSEですから、それをやるのなら、どうして工業高専をやめてきたのかということになります。

しかも配属の知らせは正式な示達の前の日に、衝撃的な形でもたらされました。独身寮での一年先輩からのポロッとこぼれでたひと言、「お前、情報部らしいな」これが実質の示達だったのです。その夜は一睡もできなかったです。悔しいやら情けないやら、己の身の上を呪いました。

そして、配属となりました。実際に仕事をしたら好きになれるかと思いきや、現実は真逆で、やっぱり「この仕事は好きになれない」という気持ちをさらに強固にするだけだったのです。職場では泣かないけど、心中はいつも涙でした。社労士の試験を受けたのは、この資格があると、総務人事の仕事に移れるのではという期待からでした。さすがに、その当時の私でも、文句を言っているだけでは子どもだと思っていたので、自分でも努力すべきところはしようと思ったのです。

さて、受験準備は順調かと思いきや、働きながらの国家試験勉強は想像を絶する苦しさでした。情報システムの開発最前線は残業、残業の連続。しかも休日出勤も連発です。絶対的に時間が取れないのが実情でした。配属後の二年後に一回目の受験をしたのですが、あえなく撃沈でした。箸にも棒にもかからないというレベルでした。下戸《げこ》の私がひとりで居酒屋に行って、やけ酒を飲んだぐらいです。それぐらいのショックでした。

その後もこの試験は三回受けたのですが、結局は合格のご縁はありませんでした。でも、今の私がそのことを悔やんでいるかというとそのようなことはまったくないのです。社労士という資格がないとできないのは社会保険の手続き業務だけなのです。その他の人事労務系のコンサルティングは別にこの資格がないとできないということはないのです。

私がなんとしても社会保険の手続きがしたかったかというと、むしろその逆で、その手の業務には興味はゼロ。むしろ絶対やりたくないぐらいだったのです。社労士は、総務人事系部門のスタッフにとっては、望ましい取得資格ですから、あくまでも社内でのキャリアチェンジには効果があるのかもしれませんが、プロのコンサルタントとしてやっていく分には必《ひっ》須《す》ではなかったのです。

ただし、個人名だけより、この肩書があったほうが信用を得やすいという点は否定できません。ネームバリューの幻想は学歴だけではなく、こうした国家資格にもあるのでした。

ちなみに、自動車販売会社への出向期間中に行政書士の資格を取得した私は、自動車メーカーへの復職に備えて猛烈《もうれつ》に総務人事系部門への異動アピールを人事部に行いました。その結果は、「部品部部品情報室勤務はどうか？」といったものでした。企業の一員は、自らの意思でやりたい仕事には就けないと思い知らされた瞬間でした。そして、それは、自分は将棋の駒だと実感させられた瞬間でもありました。駒は感情をもってはいけないのです。

どうやっても中途入社が新卒入社にかなわないところ

たとえ円満に前の会社を退職していたとしても、一旦入った会社を辞めたという履歴は決して消えずに、残ります。こう表現すると、何やら前科者の雰囲気を醸し出してしまいますが。

中途入社者を受け入れる経営者にとっては、その人の履歴の中で、そこは必ず注視するところです。経営側から見れば、辞めたということを「裏切った」とする見方もあるのです。オーナーではなく、サラリーマン経営者であれば、そこまでシビアではないかもしれませんが、自分で、身銭を切って死ぬような思いで会社を興したオーナー経営者は、そこのところはかなりシビアです。

オーナーから社員への愛情は、まだ一度も裏切ったことのない純粋無垢な新卒入社者にはストレートに注がれます。もっともこの新卒者も年月が経つとその会社を去ってしまうことは充分にあり得るのですが、それは未来の可能性の話として、オーナーは新卒者をかわいがります。

中途入社者は仕事の腕は買われているのですが、人間性を買われているとは限らないのです。「いつか、また、自分のもとを去るのでは」との疑念を経営者は心のどこかにもっているものです。そういうことを想定しておくことが、オーナー社長のリスクマネジメントでもあるのです。青天《せいてん》の霹靂《へきれき》で急に辞められても、慌てふためくわけにはいかないのですから。

新卒者はうちの子。中途入社は外の子。オーナー企業においては、そういう見られ方をされるものだと思っておいたほうがよいです。

オーナー社長の感覚では、新卒入社の社員は、いわば、子どものときから知っている自分の子どもみたいなもの。中途入社者は大きくなるまで他の親に育てられた子どもという感じです。

ですから、中途入社の腕の見せどころは、専門能力の発揮もさることながら、ロイヤリティーの発揮を忘れてはいけません。「社長、ずっとあなたについていきます！」ぐらいのことが言えないと、オーナー企業の幹部にはなれません。

オーナー企業に勤めるなら社長を好きになれないと、キツいです。自分と年の離れた年上の社長ですと、その社長が引退した後の代替わり（後継社長）のリスクにも見舞われます。入社何年後か分かりませんが、現れた後継の社長とウマが合わなかったら最悪です。そのとき、今より年齢を重ねてしまった自分は、後継者から疎《うと》まれて追いだされるかもしれないのです。たぶん、追いだされます。

サラリーマン社長とオーナー社長の大きな違い

サラリーマン社長、いわゆる雇われ社長とオーナー社長は何が違うか。雇われ社長はクビにされます。オーナーは株を過半数もっている限りは、自分から辞めない限り辞めさせられることはない。別な言い方をすると、雇われ社長は逃げることができる。オーナー社長は逃げることができない。オーナー社長は会社の借り入れに個人保証をつけているのが常ですから、会社が危機に瀕して、どこかに譲渡が叶わない場合は倒産となり、社長は最悪の場合、自己破産となります。

雇われ社長は自分の地位は業績にかかっています。気になるのは、五年、一〇年先の業績より今年、来年の業績です。業績があまりにも悪く株主から再任を断られたら無念の退任です。無職の浪人となります。雇われ社長の視点が短期的だとか、保身《ほしん》に汲々《きゅうきゅう》としていると社員から見えていても、社長も人間です。そして、ひとりの生活者です。そこは一〇〇パーセント非難できないのが人情というものです。でも、それでも社長ですから、目の前のことばかりではなく、会社が継続発展していけることは考えてほしいところです。

オーナー社長は、資金繰りにどれほど苦しもうとも、自分の任期については、元気で仕事ができる間はと長期間で考えることができます。いわゆる「生涯現役」です。実際、大企業の関連会社以外の中小企業はオーナー社長ばかりです。永世政権でもって、会社の運営に当たります。事業の時間軸は長くとれます。

こういう話をするときによく引き合いにだされるのは、中小企業ではないですが、大企業のサントリーのビール事業の話です。黒字になったのは、事業開始からなんと四六年目です。こんなのは、雇われ社長では考えられないことです。必ず何年目かで、不採算事業は撤退となりましたと幕を引かされていたことでしょう。そういえば、その昔、昭和の時代に若手社員だった私の記憶では、ビールといえば、キリン、アサヒ、サッポロ。サントリーの声はありませんでした。高級ビールといえば、今や、エビスではなくプレモル（ザ・プレミアム・モルツ）ですから、創始者のサントリー二代目故佐治《さじ》敬三《けいぞう》社長は、してやったりでしょうね。長い長い時間をかけての結実《けつじつ》はそうはできるものではありません。

うちの常識、世間の非常識がどれぐらいあるのか

不思議なことに、一五年余りで出向を含めて五社を渡り歩いた私ですが、どこの会社でもその会社独特のルールというのがありました。そんなことを揶揄《やゆ》する場合、自虐《じぎゃく》的に「うちの常識、世間の非常識」などと苦笑しながら言い合ったものです。

こんなことを明確に言い合えるのは、その会社で常識とされるその行為は世間一般からしたら明らかにおかしいというものです。

たとえば、

・請求書が来てもすぐに払わない。期限が過ぎてから払う。
・タイムカードを押さずにする残業はサービス残業とはいわない。自主延長だ。
・稟議書《りんぎしょ》は必ず一度差し戻される。
・不始末をしでかしても懲戒《ちょうかい》を受けるとは限らない。むしろ昇進することもある。

等々、うっかり口を滑らして、社外に漏れてしまうと会社の信用問題にもなってしまいそうなものもありました。最近話題になった製造業の品質不正データ捏造《ねつぞう》も、納期を守るため

にそうすることは社内の常識だったようですから、まさに、この「うちの常識、世間の非常識」です。

コンプライアンスを厳しく問いかけられる現代において、このような意識のズレをもったままの転職活動は危険です。得意げに、現場で泥水をすすりまくって耐えてきましたという話をしたとしても、それはプラスポイントどころか、世間一般のスタンダード（基準）に照らして、自分のコンプライアンス・マインドが劣化していることを証明してしまうことになります。

一社勤務で、ずっとひとつの企業文化に染まっていると、このリスクにさらされていることにもなりかねません。だいたい「うちの会社では」と意識の防護柵《ぼうごさく》をつくってしまうのがいけません。「今、私が勤務しているこの会社では」ぐらいの見方ができる客観性と冷静さを持つことが大事です。

公私混同のさいはて、お犬様のお引越し

オーナー企業（いわゆる同族企業）勤務で、しかも総務畑というのは覚悟が必要です。それは、オーナーファミリーへの忠実なる執事《しつじ》としての心構えをもっているかということです。

「執事」などというと、会社員の世界に何ということをと不思議に思うでしょうが、これ、ホントの話です。

「総務にだけは気兼《きが》ねなく何でも頼むことができる」とオーナーに思ってもらえるのは、オーナー企業に勤務する者としては、悪い話ではないのかもしれません。いや、むしろよい話です。このときの私の上司は「わしらは近衛兵《このえへい》みたいなものだからな」と嬉しそうに語っていました。今風なら皇宮警察《こうきゅう》とでも言ったほうがいいのでしょうか。私にとっては、別に軍人になったわけでも警察官になったわけでもなく、ただ単に、会社員になったに過ぎないという意識です。こういう感覚には大いに抵抗がありました。

自分の心にブロックしたい感情が渦巻いていても、仕事は降りかかってきます。ある夏の日は、オーナー（社長）のお孫さんが遠方より来ていて、「道に迷っているから、○○駅に迎えにいってくれ」と、夜中に行かされたり、「△△病院に行って、薬をもらってきてくれ」だとか、特命業務が発令されるのです。

その当時、私は係長でしたから若手の部下に命じて行かせようかというところでしたが、命じられた部下のモチベーションの低下を思うとそうもいかず、それ以前に、「（信頼できるお前だからこそ）頼むんだぞ」とのオーナーの念を思うと、うっかり下請けに出せないプレッシャーもありました。

そのときは、「総務部係長として、他にやらないといけないことがあるんだけどな」と胸の奥は疑問でいっぱいでした。とはいえ、この会社の中ではこのようなことを頼まれるのは名誉なことだったのです。

細々《こまごま》としたこうした特命業務（？）はいろいろとあったのですが、中でも忘れられない業務がありました。名づけて「アリサ（仮名）の特別輸送」です。その月のある休日。私は部下とふたりで休日出勤を予定していました。夏のボーナス計算業務です。まさに、総務人事部門の枢要《すうよう》中の枢要業務です。

そこへ、オーナーから特別な業務の依頼がありました。オーナーの女性秘書に、オーナーが飼っている犬のアリサをあげることになった。ついては、今度の休日に、その女性秘書の家に、アリサと犬小屋を搬送《はんそう》してほしいということでした。オーナーの運転手（この方は組織上は総務部員）に私と部下の三人でこれにあたることになりました。

ちなみにアリサは子犬ではなく成犬のシェパードです。したがって、犬小屋もデカい。オーナーの運転手運転のトラックに、三人でアリサと犬小屋を積み込み、そして輸送。高速道路を使っていきました。くだんの女性秘書の家に着いたら、荷降ろし。そして、犬小屋の設置。そこから会社に帰るというような工程でした。

さすがに、オーナー夫人（社長夫人）は、我々を気遣ったのか「ご苦労さまです」と言って、封筒に入った寸志《すんし》をくださいましたが、それで済むかというとそうでもなく、かといって、まさかこの日を休日出勤というわけにもいかず、それまでの私のサラリーマン生活の経験では、「自分の気持ちの中で、このことをどうしたものか」と、なんとも消化しにくいものであります。

我々を自宅で出迎えてくれた女性秘書のなんともいえない表情も印象的でした。彼女も成り行き上、オーナーからの申し出を受け入れるしかなかったのでしょう。お互い言葉には表さなかったのですが、顔では「たいへんなことになりましたぁ」とシグナルを送り合っていたような気がします。

オーナー企業の総務部員としては、プライベート感覚満載のこうした特命業務を頼まれるということは、選ばれた兵となることだったのでしょうが、そうしたことに一ミリも喜びを感じられないタイプの私でした。

アリサを送り届けてから、以前に予定していたとおり、本来は翌日にするはずだった夏の賞与の計算業務を部下とはじめました。会社のデスクで、部下と向き合いながらこの業務を遂行しているときの、複雑な気持ちは今も忘れられません。

「アリサも業務、賞与計算も業務。どちらも重要なのです」と言われて、

「えっ、ホント？」と反応してしまう自分。

オーナー企業で総務をするのなら、ここに疑問をもってはいけないのです。

淡々、粛々《しゅくしゅく》とことにあたること。そういう姿勢が求められるのです。

出戻りはしないに限る

化学メーカーの総務部員時代の話です。創業オーナーである社長は、思い立ったが吉日とばかりに、いきなり必要な部門の社員を集める仕事スタイルでした。

毎日、突然、緊急招集があり得るのです。呼ぶほうはいいですが、呼ばれるほうはたまったものじゃありません。ルーティンの業務は必ずありますし、社外の方々の来社の対応と打ち合わせもあります。オーナーは、自らもデザインにタッチしながら商品開発に並々ならぬ熱意を傾けていました。社内のグラフィックデザイナー、工業デザイナーのみならず、開発のコンセプトをまとめる商品企画部門、宣伝企画部門はしょっちゅう呼ばれる常連でした。

社長室に呼ばれて、端的に要件を言われて終わりというパターンがない訳でもありませんが、思いを語りながらコンセプトやらデザインを形にしていく展開は、社長の独演会を拝《はい》聴《ちょう》することからはじまります。呼ばれたメンバーが、ちょっとした会議ができるようになっている社長室に鎮座《ちんざ》して、ひたすら聞くのです。

オーナーはエネルギッシュというかその当時、七〇歳は超えていましたが、話しだしたら一時間はおろか二時間でも平気なときがありました。このスタイルは総務部にとっても大きな影響を与えるもので、オーナー（社長）決裁が必要な稟議案件をどのように決裁をもらうかについてはタイミングが大いに悩ましいものでした。

オーナーは外出も多かったですから、決裁が遅れると、業務の執行が遅れ、全社的に大問題となってしまう案件も総務部にはありました。社員の立場では、「オーナーが決裁してくれなかったからできませんでした」とは死んでも言えません。他の役員が「私が責任をもつから」と決裁をしてくれたらいいのですが、そういう人もおらず、総務まわりの案件はとくにそうでしたが、最終の社長決裁がないと執行ができなかったのでした。

かくして、総務部はこの招集に紛れ込んで（秘書には話を通しながら）、オーナー決裁のタイミングをうかがうという行動がありました。この行動は主体的なのですが、実はそうではないパターンが多かったのです。オーナーのほうから呼ばれるパターンです。突然、「総務来い！」と内線電話が鳴るのです。どうも人に関することが問題になりそうなら、オーナーの思考回路としては一応、総務を呼んでおこうとなるらしいのでした。

笑い話のようですが、呼ばれて他の話をひとしきり聞かされたあと、「みなさん、ありがとうございました」とオーナーからの散会の声を聞いて、そのまま帰るというパターン（要はただ呼ばれただけ）というものもありました。

このスクランブル対応をするのが、総務部はD部長だったのですが、不在のときもあります。そのときは「総務から誰か」ということになり、当時係長ではありましたが、次席の私が代わりに臨席することになっていました。場合によれば、「ふたりとも来い！」のパターンもありました。

さて、舞台背景の話が長くなりましたが、私は社長室でのこういう場面で、他部門の管理職も含めて担当者とオーナーとのやりとりを数多く目にしたのでした。そうしているうちに、私は不思議なことに気がつきました。デザイン部門のT課長、販売促進部門のN課長のふたりは、オーナーに叱責《しっせき》、ときに罵倒《ばとう》される場面が多かったのですが、決して怒らないのです。

たとえ、失敗したと言われても言い分もあるだろうに、一切、言い訳をしません。淡々とオーナーの言を受け止めています。そして「分かりました」と静かなトーンでぽつりと返答するのみでした。まさに能面のような顔をしてといったところです。感情がここまでないというか、ないかのように見えるのは私にとっては大いに気になるものでした。いくら社員の立場でも「それは怒ってもいいだろう」というものもあったのですが、ふたりは何も言いません。

不思議に思った私はＤ部長に尋ねました。Ｄ部長は「あいつらは仕方がないんや」と言いました。よくよく事情を聴くと、一旦、当社を退職して、出戻った人たちだったのです。Ｎ課長に至っては、盛大な送別会を開いてもらって、「僕は旅立ちまーす！」と豪語《ごうご》しながらでていったのに、飛びだした先での試練に耐えかねて戻ってきたとのことでした。困っているという話を聞いて、戻ってこいと言ったオーナーは懐が深かったのですが、あとは心おきなく使える部下としたのでした。Ｄ部長はさらに分かりやすく解説を加えてくれました。

「あいつらは無条件降伏やからな」

自慢にもできませんが、ここまで複数回の転職を重ねてきた私ですが、一旦、決別して離れた人間が、刀折れ矢尽きて出戻ることの重大性を思い知らされました。独立開業して、どんなに苦しくても昔いた会社を頼ろうとしなかった根源はここにありました。

オーナーに気に入られても、自分のやりたいことを

オーナー企業に勤める身の上でオーナーに気に入られるというのは最大級の喜びであります。自慢じゃないですが、最後に勤めた会社には私は係長として入社しましたが、その二年半後に課長昇格です。実は、その前年に昇格の話があったのですが、残業手当がなくなり減

給になることを理由に昇格を断ったのでした。

もう時効ということでお話ししますが、人事総務部門だからこその裏ワザでした。そのとき、私は「係長でも課長の仕事はさせてもらいますから」と部長に言ったことを覚えています。今から思うになんとも偉そうな舐《な》めたもの言いでした。若気の至りでした。

その翌年、また課長昇格の話がきたのですが、これは残業手当なしでも減給にならないように給与改定をしてとの前提つきでした。そこまでしてもらったらもう断れません。

課長昇格となり、晴れて管理職の仲間入りをしました。そこから手がけた社長肝いりの給与制度・目標管理制度の大幅リニューアルを軸にした評価制度の革新の実績が認められたのか、課長昇格一年後に、次長へと昇格することになりました。その昇格後の一ヵ月あとに退職の意向を示したのですから、それは、オーナーは怒ります。

でも、当時の私の心境としては怖くなっていたのです。それは、こんな早いピッチで昇格していったら、ゆくゆくは取締役になって、もっともっとしっかりとオーナー（当時は会長）を支えていかなければならないのかという恐れでした。

支えるのは、会長だけでなく、ご子息である社長と専務を支えるということにもなるだろう、この想定が私をさらに恐れさせました。会長には「君には末永く、支えてほしい……」といったことを会長室でふたりのときに言われたことが想像の精度を格段に高くしていました。

異例の出世をさせてもらっているのに、なぜ辞めたのか？　それは、この会社で偉くなりたくないとの思いが強かったからなのでした。言い換えれば、そうなるより、もっとやりたいことを自分の人生で見つけていたということでした。人生の同じ時間を使うのならそちらに使いたい。この気持ちが強かったのです。しかし、その見つけたことをやることが、後で、自分と家族にどんな苦難をもたらすかはそのときの私には全然思い浮かんではいなかったのです。

その会社を辞めて、一〇年ほど経ったころです。古巣の様子を知らせてくれる人がいて、かつての課長職時代の同僚が取締役になったということを聞きました。正直、「へぇー」と思いましたし、彼らは多大な苦労はありながらも、充分な報酬と結構高額の保険料を会社から支払ってもらえる厚生年金被保険者だろうなとの若干のうらやむ感情がよぎりましたが、考えてみれば、たったそれだけの話で、自分がそうなりたいとは全く思わないということが、あらためて、自分の中で確認できました。かつて自分が歩みかけた道を行かずに済んだという安堵《あんど》感でした。

もっとも、こんな心持ちですから、その道を歩んでいても、取締役どころか、次長から部長にもなっていなかったでしょうね。反抗的な面が顔を出して、降格になっていたかもしれません。大きな会社の取締役にも部長にもなれなくて私にとってはよかったのです。

それよりは、誰も頼ることができずに、毎月、毎年、仕事の確保と資金繰りに汲々《きゅうきゅう》としている中小零細企業の社長のほうが私には似合っていたということでしょう。また、腕一本で渡り歩く、研修講師という職人の世界が私には心地よいのです。

人生、嫌なものは嫌。しかしやりたいことは、どんな苦労があってもやりたいもの。誰でもこういう気持ちはもっていると思います。「それをやらずに死んで後悔はしないか」あとは、この気持ちの鮮明度です。それに関しては、私は紛れもなくクリアであったから勇気をだして、飛びだすことができた。そういうことでした。クリアという言葉を冠した社名で事業を営んでいるのはそういう気持ちの表れでもあります。

第五章　独立・起業へ

よい想定ほど崩れやすい

脱サラして独立開業。大いなる不安とともに、大きな希望を胸に抱いて社外へと飛びだす訳ですが、誰でも闇雲《やみくも》に飛びだしている訳ではありません。必ず何らかの目論見《もくろみ》をもっています。たとえそれが粗いものであっても、「ああして、こうして……」という計画はあるのですが、ところが、これがそのまま実行できるとは限りません。

私も独立開業して、経営コンサルタントの個人事務所を立ち上げたときは、既に独立して活躍していた知り合いのコンサルタントと協働していくことを約束していました。「一緒にあれをやろう。これをやろう」と言い合っていたものです。

さて、いざ、独立してみると、あれだけ話していた計画は頓挫《とんざ》。事情が変わったということでしたが、こちらは大問題です。それを大いに当てにしていたからです。そうじゃないと、この間まで一介のサラリーマンだった人間が急に「コンサルタントです!」と名乗ったところで、仕事なんかくるはずもありません。

電話をしても独立前は「一緒にがんばろうね!」なんて力強く言っていた相手のトーンは様変わり。「また、何かあったら声をかけるからね」と口では言っていましたが、明らかに声は沈んでいます。この間まではお互いに明るい未来を語り合っていたのに、同じ人かと思うぐらいの暗さです。人間は豹変《ひょうへん》する生き物だとこのとき、学び直したのでした。

そして、その人の背中はいつの間にか見えなくなってしまいました。そういう状況に陥っても、月々の支払いは容赦《ようしゃ》なく迫ってきます。「お父さん、大丈夫？」と訊《き》いてくる妻の声もか細くなっていました。

ここで、私はようやく悟ったのです。「独立したと思っていたのが、実際は孤立したのだ」と。もう仲間のいるサラリーマンではなくなったのです。ひとりぼっちの無職の男になったのでした。もう頼れて、助け合える仲間がいない大きな寂寥《せきりょう》感が私を包んでいました。

それから一年半か二年ほどの月日が流れたころでしょうか。その人から電話が入りました。「また、一緒にやろう！」とのお誘いでした。外出先で、電話に出た妻からその伝言メッセージを受けた私はメールで返事をしました。主要なメッセージはこのひと言でした。

「歳月《さいげつ》、人を待たず」もう安易に人を頼らない私がそこにいました。

再就職支援コンサルティングの語られない本質

勢い込んで独立開業した私でしたが、創業したら、ああしよう、こうしようの目論見はすっかり外れてしまい、食うに事欠く事態に陥ってしまいました。

妻と子どもたち三人、それに加えて、ワンコ（犬）が一匹。なんとしても家族五人と一匹、食っていかねばなりません。

自分ができることは何でもやるぞという気持ちが引き寄せてくれたのか、インターネットで知り合ったあるコンサルティング会社の仕事をさせてもらえることになりました。そこの会社の事業は「再就職支援コンサルティング」でした。

このコンサル会社と契約した会社は、リストラした社員を預けます。預けるといっても、コンサル会社に毎日来てもらう訳ではなく、預けられた社員のほうから一週間から一〇日に一回ぐらい、このコンサル会社のオフィスに面談に来てもらいます。

この社員の担当コンサルタントは履歴書、職務経歴書の書き方の支援を行いながら、求人データを紹介して、採用の面接試験突破の支援なども行います。リストラされた方はただでさえ、ショックを受けて意気消沈しています。そうした状態を見ながら、メンタル面のケアも施していきます。元気を取り戻させながら、再就職に向けて、支援を行っていく訳です。

こういう話をすると、このコンサル会社はすごく優しい会社のようですが、実態は違いました。ビジネスは厳しいのでした。もちろん、さきほど記したようなことはちゃんとやっていきます。でも、再就職先が決まるまでの責任は負わないのです。

契約の期間中に再就職が決まらなければ、サービスの提供は終了です。あとは、ご本人で頑張っての世界だったのです。なお、契約は再就職を保証している訳ではないので、なんら契約上の問題はありませんでした。

私がコンサルタントとして担当した方（求職者）と最初のコンサルティングを行っていたところ、ボスの先生からえらく怒られました。「ダメだよ。カドワキさん。時間かけ過ぎだ！」と言うのです。こちらは丁寧に話を聞きながら、失意のその方の気持ちもなだめながらと一《いっ》生懸命《しょうけんめい》やっていたのです。正直、むかっ腹が立ちました。なぜ、そこまで怒られるのか、そのときは、分からなかったのです。

その後、この会社での仕事の全貌《ぜんぼう》が分かると、その謎はすぐに解けました。契約期間と金額は固定ですから、手間をかけるほど単価は下がるのです。それなら、集中的に丁寧に指導して、早くに再就職を決めればいいのかとも思いましたが、ことはそう簡単なものではありませんでした。

自力で決められない、自力で有力なコネクションをもたない人が預けられるのです。しかも、心の傷から、メンタルは弱っている。私も、担当した方のひとりの様子がコンサルの途中でおかしくなりました。

面談が終わったあと、次回の面談との合間には電話でのフォローがあるのですが、そこで、「こんなこと続けてどうなるんや！」とブチ切れられて、泡を食いました。この方は、結局、自分から再就職支援辞退を申しでて、図《はか》らずも、コンサルは終了しました。駆けだしコンサルの私は大いに責任を感じて、ボスの先生にお詫《わ》びをしました。大目玉は覚悟の上でした。

私「先生、今回のことは、本当に申し訳ございませんでした」
ボス「いやぁ、気にしなくていいよ」
私「でも、会社に迷惑をかけてしまいました。クライアントさまもさぞご立腹では」
ボス「全然そんなことはないから、気にしなくていいよ」
私「えっ、でも」
ボス「あちらはうちに預けられたらいいんだよ。文句を言う先をうちが引き受けたらいいのさ。とにかく契約期間中、うちが相手をすればそれでいい」

ボスとの会話はあっけないものでした。ただ、誤解のないように補足をすると、このコンサル会社はとくに冷たい訳ではないのです。コンサル契約した必要なサービスと支援は行っているのです。リストラのショックを乗り越え、気持ちをリセットできる求職者はこれを活用し、または自力で再就職先を開拓し、新天地を得て飛び立ちますが、リセットできない人はそうはいきません。このビジネスは手間をかけ過ぎては続かないのです。

リストラされるほうはとてもつらいですが、リストラがないと、会社全体が沈むこともあります。再就職支援コンサルは、リストラ促進支援でもあった訳です。でも、それがないと倒産という最悪の事態もあり得る訳です。なんとも複雑な思いでこの仕事を続けました。ちなみに、駆けだしコンサルの私に支払われる報酬《ほうしゅう》は担当するひとり当たりその当時で、五万円でした。まとまった仕事が全然なかった当時の私には、とても有り難い話だったのです。

とはいえ、もうお分かりですね。この仕事、丁寧に面談やらに手間をかけるほど単価が下がるのです。一日で済む仕事では到底ありません。一週間から一〇日ぐらいの間隔を空けながら面談をしていくのです。再就職が決まればそこで終了。決まらなかったら、契約期間の半年をこのペースで過ごしていきます。再就職が早く決まらないと、その報酬は減額していく仕組みでした。コンサルタントは時間の切り売り業ですから、面談場所へ行きききする時間もそこには入ります。電話で応対している時間も然り。いわば、メーターが倒れていないのに、走り続けなければならないタクシーの運転手のようなものでした。

ちなみに、途中で強制終了となったにもかかわらず、くだんの仕事はこれまでに費やした時間の総合計から時給換算すると、牛丼屋でアルバイトをしていたほうがよかったぐらいのものになっていました。しかも私には、達成感の欠片《かけら》もなく、あるのは後味の悪さのみ。脱サラ「武家の商法」の未熟さ丸だしの苦い苦い経験でした。

人事異動で運命は変わる

居酒屋でのサラリーマン愚痴《ぐち》のビッグスリーといえば何か。まずは、給料ですかね。このことは誰でも言いたいことはあります。私もサラリーマン時代、そして今の研修講師時代を含めてかれこれ三〇年ぐらい職業生活を経験しておりますが、「私は給料をもらい過ぎている」と言われる方にはなかなか出会わないです。出会っても、「世間一般からして多いほうだと思います」ぐらいの表現までですね。

圧倒的に多いのは、仕事の割には、責任の割には、「少な過ぎる」の声です。「私、そんなにもらっていませんから」の声をどれほど聞いたかわかりません。

続いての愚痴は自らの処遇シリーズですが、昇格に絡むもの。これも結局は給料に関係してきます。だいたいは、昇格の遅さを愚痴っています。この遅いという感覚には、何らかの基準を前提にしていますので、愚痴のフレーズとしては「なぜ、あいつが自分より先なのだ」となります。

そして、年齢をある程度重ねてしまうと「俺はもうここで上がり（終わり）」だと、自らの昇格終了宣言が寂寥感を存分に漂わせながらでてくるのです。

昇格の話がでてくると、それに絡んでが多いのですが、また、単体別個でもでてくるのが、人事の話です。これは自分のことはもちろん気になりながらも、他人のことが大いに気になって仕方がない話題です。

とくに、上司が代わるのは、サラリーマンにとっては、同じ職場であってもガラリとその環境が変わるぐらいのインパクトがあります。上司の評価で昇給、昇格、賞与の金額も変わりますので、部下にとってはどういう上司に仕えるかは切実なものがあります。

考えてみれば、サラリーマンとは自分で自分のことを決められない生き物です。今の会社では、職場では、この上司では自分が死んでしまうと、一発逆転を狙って、別の会社に移ったとしても、まわりの状況が前よりひどくなったということになれば、何をしているのやらとなります。

サラリーマンは退職することぐらいしか自分で自分のことを決められませんが、これは言い換えれば、他人が決めてくれるというふうにも捉えることができます。「いつまでも降り続く雨はない」のです。

そのうち雨が上がって、景色が変わるかもしれない。と、思ってみることを選択肢に入れておいても邪魔にはなりません。

死ぬほど嫌だった営業の仕事を期限つきでやって

平凡《へいぼん》そうに見えるサラリーマンの人生ですが、何がどうして、どうなるやら。その転がりようは予想もできないぐらいのことがあります。

私が学校を出る際（新卒）の就職活動のとき、こだわったのは、営業の仕事は嫌だということでした。とはいっても、事務系で募集をしていても文系学部出身の場合は、配属はほとんどが営業部門となることは知っていました。

それだけに、応募していた中で、営業系は別で採用し、純粋に事務系での採用とされていた自動車メーカーは大いに魅力的でした。

ただ、気になったのは自分自身が全然、車に興味がないことでした。自動車メーカーといえば、カー好きが集まるところと思っていたのです。悩みは意外なところで解消しました。

その当時は会社訪問といっても、いきなり人事部ではなくOB訪問が先だったのです。人事部から紹介を受けて、その先輩に会いに行きました。聞けば私より一〇年先輩で、明るくて、気さくで、面白い先輩でした。この方なら訊いてもいいかと私は尋ねてみました。

「あのう、私、実は全然、車には興味はないのですが、大丈夫ですかね」先輩の答えは私の意表を突くものでした。

「かまへん。かまへん。僕、運転免許もってないけど入ってん」私の悩みは一瞬で氷解《ひょうかい》しました。かくして、その後のご縁があり、入社したら、営業の次にしたくなかった情報システム部門への配属。三年ほどしばらく我慢はしたものの、やっぱり嫌だと退職を決意したら、販売会社へ営業担当員としての出向の話がでました。これ以上、あまり我儘《わがまま》言うのもなぁと渋々その会社へ赴任《ふにん》したのでした。

さて、新たに就いたこの営業という仕事。今でこそ、カーライフアドバイザーなんて名乗っているところもあるようですが、時代が平成になったぐらいの当時は、「ザ・どぶ板セールス」。訪問先でもまともに人間扱いされることなんてありません。

無視・無視・怒声と嘲笑《ちょうしょう》のオンパレード。毎日、へこみ続けでした。おまけに、車の納車整備、展示車の運搬、修理車の引き取り、お届けも営業担当者の仕事だったことも驚きでした。引越しを済ませて、営業所に着任前のあいさつに行ったら、営業所長が「カドワキ君、長靴はもっているかな」と訊かれるので、「なんでなのかな？」と思っていたのですが、納車前の洗車時に必要だったのです。

「話が違うよ」「聞いてねーよー」の連続だったのですが、もう遠くから引越してきてしまっています。引き返す訳にもいかず、前に進むのみでした。車の販売といっても、不特定多数の客を相手にする訳ではなく（こういうのを業界では「直販」といっていました）、担当エリア内で、「○○モータース」とか「△△△自動車」「□□□修理工場」といったいわゆるモーター屋とか中古車屋を相手にするのが私の担当でした（これを「業販」と呼びます）。

かといって、直販めいたことを全然しない訳ではなく、新車の販売に不慣れなモーター屋の大将と一緒に、お客さんのところに出向いて、販売するということもやっていました。担当エリアは、これもメーカーからの出向者である前任者から引き継いだものだったのですが、担当が替わりましたと挨拶に行っても重要顧客であるモーター屋、中古車屋の多くは新参者のお手並み拝見とばかりに、最初は冷ややかな態度からのスタートでした。

まして、生まれ育ちが関西の人間が、はじめて関東の地に赴いたわけです。しかも、不慣れで、実はやりたくなかった営業の仕事。さまざまなマイナス要因が積み重なり、赴任当初は、カレンダーを前にして、「あと○○日」とまるで懲役刑《ちょうえき》に服している受刑者のような毎日でした。

ところが、しんどかったのは最初の一年で、重要顧客のお客さんとは毎日、毎日、顔を合わせているうちに、実際に仕事を一緒にしていくうちに、打ち解けていくのが分かりました。

私自身が変わっていったことも大きかったようでした。

たとえば、中古車屋の場合は、展示スペースに、さまざまなメーカーの車が置いてあります。そこに置かせてもらっている展示車の洗車や掃除をすることがあったのですが、ある日、洗車をした際に、近くにあった他社の車があまりにも汚れていたので、ついでに洗っておいたのです。

すると、いつも怖い顔の店長の雰囲気が違っていたのです。「あんた、自分とこの車だけで、いいのに」と言いながら、にんまりとされています。「いえいえ、ついででしたので」と答えた私でしたが、このころの私には、ようやく自分のことだけでなく、お客さんのためにという感覚が芽生《めば》えてきていたのだと思います。

日々のふれあいの中で、こちらもたいへんだけど、お客さんのほうもたいへんなのだということがよく分かるようにもなっていました。

カレンダーを見るときは、いつの間にか「あと〇〇日で帰らないといけない」の感覚に変わっていました。

仕事のようで仕事でない課外活動から得たもの

会社生活というのは、担当業務を純粋に遂行するだけでは済みません。部内のレクリエーション委員をやれだとか、労働組合の職場委員をやれだとか、そういう類いのものが多々あります。

自動車メーカーに勤めていたころは、営業部門以外の社員による紹介販売キャンペーンというのもありました。キャンペーンといっても、課別に目標数値がきていましたので、実質は販売目標みたいなものでした。ちなみに、実績をつくるために自らが購入することを「自爆」と言っていました。私がここを去ってもう何年も経ってしまいましたが、今もやっているのかは定かではありません。今、経営者の私はその組織には、そういうのも必要だということはよく理解ができます。

その他にもメーカー、製造業の場合は、各種の改善運動というのがありました。その中でも大々的にこの自動車メーカーが当時、力を入れていたのが、QCサークル活動。品質管理のQC（quality control）です。各職場で、QCサークル活動を通して、業務改善、効率化の実績を競い合うということをやっていました。

単なるサークル活動ではなく、実施計画を立て、計画を実施して効果を測定し、また次の活動に結びつける。こういったことをただでさえ忙しい業務の合間を縫ってやらされていました。活動結果は部内の成果発表会で披露《ひろう》されることになっていました。この準備のたいへんなこと。その当時は嫌で嫌で仕方がなかったのですが、人生無駄なし。そのときに叩き込まれた「特性要因図」だとか「パレート図」などのＱＣ手法の知識、発表会での資料の作り方、発表の仕方（今でいうプレゼンテーション）などは、その後大いに役立ちましたから、やるきっかけを外から強制的に与えられるというのは悪い話ばかりではないです。

そうでもされないとやらないことは本当に多いですから。会社生活を勉強のための環境と捉えたら、この環境だからこそやらざるを得ない。やってみてその結果身につくということが結構あります。

嫌で嫌で仕方のなかった情報システムの仕事は、後年、総務人事部門で法規関係の仕事をするときに役に立ちました。法律の世界は感情ではなく、論理の世界ですから、「これって、システムの仕事をしていたときと感覚が似てる！」と、そのベースの思考感覚を覚えていたのは助かりました。

転職の繰り延べという選択肢、現職を発展させるという考え方

人間、不思議なもので、長い間、封印していたものの蓋《ふた》を少し緩めるだけで、感覚が如実《にょじつ》に変わっていきます。転職もそうです。

日常、薄々感じている「なんか違うな」「どうも違和感がある」「何かにつけて引っかかることが多い」などの感覚を明確に自分の思考の中に放り投げた瞬間に、「この会社、自分に合っていないのではないか」「やっぱり、ここが嫌なのだ」「ずっと、こんなことを続けるのは勘弁《かんべん》してもらいたいな」といった感情がとめどなく巻き起こってきます。

そこから、試しにと転職サイトにアクセスして、でてきた登録フォーマットに、自分のキャリアデータを入力してしまうともういけません。求人企業の情報があなたのPC、スマホに押し寄せます。

最初は「ふーん、こういうところがあるのだ」といった軽い気持ちが、そのうち、「まっ、エントリーだけでもしておくか（多分、ダメだけど）」とアクションを起こすと、ことは動きだしてしまいます。求人企業から「一度、お会いしてみませんか」のお誘いがきたら、そして、行ってしまったら、あなたの感覚はすぐに転職GOに傾いてきます。向こうは他人の気持ちを変えさせるプロです。今の会社への不満をもっている人がくれば、さまざまなアプローチで感情操作を仕かけてきます。あなたが脳裏に描くのは、現職に留《とど》まる大いなる危惧《きぐ》と転職することで拓《ひら》ける明るい未来です。

あなたの冷静さはじきにどこかにいっていることでしょう。冷静さを失った時点で危ないのです。冷静さを失った判断は、必要な情報が不足した状態になってしまっています。あとで、その不足分が仇《あだ》となって表れます。

私は、転職をするなとは申しません。選択肢として、「転職の繰り延べ」もあるということを必ず頭に入れておいてほしいのです。だいたい、つき合いのほとんどない相手が自分にとってそんなによい情報を沢山くれるのかという素朴な疑問が冷静さを取り戻させます。本質は、自分のためではないのです。求人会社のためなのです。ミイラ取りがミイラにならないように気をつけて。

プロ（銀行系シンクタンク）のコンサルを見て

最後に勤めていた会社で、人事部の課長をやっていたときに、大きな企画業務を担うことになりました。人事制度・評価制度・給与制度の全面的刷新でした。創業オーナーから経営を受け継いだ二代目社長が会社始まって以来の改革に乗りだしたというものです。

ちなみに、このとき、オーナーは会長の立場でした。社長はそのご子息でした。年功序列の色彩の濃い、がんばってもがんばらなくてもあまり変わらない報酬にメリハリをつけるというのが改革の趣旨で、その旗振り役は会長ではなく、社長でした。会社を引き継いだ身の上としては、創業からの旧態依然《きゅうたいいぜん》とした組織から、今風の組織にしていきたいとの思いがあったことは一介の人事課長としても想像はできるところでした。

ただ、このときは、完全に会長が経営の最前線から引退している訳ではなく、隠然《いんぜん》たる影響力がまだまだ残っていました。社長に経営の執行権が完全移行されていたのであれば、すべての決裁案件は、社長の決裁で進めることができるのですが、そこまでは難しいところでした。

社員サイドからは、案件ごとに、社長決裁だけでいけるのはどれか。会長決裁をもらっておかなければならないのはどれかを慎重に吟味《ぎんみ》しないといけません。

このように述べると、何やら社員が勝手にどこまで決裁に上げるかを判断しているようですが、社長のほうから「会長はどのように言ってるんだ？」とか「これ、会長にも話しといてよー」といった指示が飛ぶこともよくあり、そのたびに社員は憂鬱《ゆううつ》になったものです。

それはそのあとの多くの調整工数と疲労を意味していたからです。ちなみに、会長と社長とがお互いに話し合って、話をつけてくれるということはありませんでした。「親子なんだから少し話をしてくれたらなぁ」と社員サイドからは思っていたのですが、親子ゆえに話しにくいことがあったであろうことは、のちに経営者の端くれになった私にはよく分かったことでもあります。もっとも、社長決裁でいけると進めていた案件を、その決裁をもらったあとで、会長に見つけられて、「何を勝手なことをやっているのだ！」と逆鱗《げきりん》に触れることもありました。

これは社員としては極刑レベルです。一度、会長の脳裏に「あいつはあかん奴や」との印象が深く刻みつけられたら、その後の昇格はおぼつきません。昇格審査でその名前を名簿に見た瞬間に引っかかるのです。「あいつだけはいかんぞ！」と眼光鋭くそう言い放つ会長の怖いこと。会長と社長。そして会長に重用《ちょうよう》されてきた役員、社長が重用している、またはしようとしている役員たち。立場と思惑《おもわく》が複雑に入り交じり、なかなか調整の修羅場の多い環境でした。

話を元に戻します。評価制度と給与制度の刷新を核にした人事制度改革。これは社長主導のプロジェクトでした。担当役員は、メインバンクから派遣出向されてきたN常務取締役人事部長（のちに出向《しゅっこう》から転籍となる）。私はその配下で、事務局を務める課長という役割でした。

N常務の発案で、この改革には外部のコンサルタントを使うことになりました。外部の知恵を活用したいのと、外部の権威を借りないと、社員からの発案だけでは会長はＯＫしないとの読みもありました。コンサルタントはメインバンクの系列のシンクタンク所属でした。私がコンサルタントと称する人と一緒に仕事をしたのはこのときがはじめてだったのでした。

契約の仕方、契約金額、コンサルタントの立ちまわり方、資料のつくり方、質と量のバランス、プレゼンの手法等々すべてが私には新鮮でした。また、コンサルタントと私の年齢が近いこともあり、よく言えば親近感があり、別の言い方をすれば、身近な存在となっていったのでした。このあと、私が独立開業して、コンサルタントになったのには、このときの経験が大いに関係しています。実物を間近に見て、「これなら自分にもできる」と思ったのです。

今から思えば、根拠のない自信と言ってもいいようなものでしたが、「自分には絶対、無理」が、「これなら自分にもできそう」に変わったのは私にとっては画期的なことだったのでした。自分もコンサルタントになりたいと夢想しだしたのは、ここからでした。

その後、実際に独立開業してコンサルタントをしてみたときに、見ているのと実際にやることの違いを痛感しました。大いに苦しむこととなりましたが、このきっかけがあったればこその飛び立ちでした。そういった面では今でもこのコンサルタントには感謝であります。

サラリーマンか自営業かは比較にならない

会社での仕事は概して面白くないものばかりです。「やりたくない仕事を我慢してやる」「好きになれない人となんとかうまくやりながら一緒に仕事をする」これが、サラリーマンの仕事だと言い切ってしまうと、本当に嫌になってしまうかもしれませんが、そういうものです。そこへいくと、自営業はやる仕事は自分で決める。好きになれない人、ハッキリ言って嫌いな人とは一緒に仕事をしないでいることもできる。この点だけを見れば、サラリーマン垂《すい》涎《ぜん》の的です。ところが、これだけではサラリーマンの絶対的凄《すご》さを見逃してしまいます。

サラリーマンは、どれだけその日嫌なことがあったとしても、我慢し抜いて、その一日を勤め上げたら、一日の出勤実績が完成するのです。当たり前じゃないかと思われるかもしれませんが、この実績に基づき、確実に賃金が支払われるのです。

自営業はどれだけその日が活気に満ちた楽しい一日であったとしても、売上を上げて、収益に結びつかせる動きがなければ、収入はありません。それどころか、その日に使った交通費や他の費用の回収もできません。プラスどころかマイナスの一日となります。

自営業者から見れば、会社というのは、お金をもらえる素晴らしい仕組みです。営業の人が種蒔きと称し、会社から支給の交通費や宿泊費、出張日当を使ってあっちこっちに出向いていたとしても、その間に受注はなくても、給料はでます。研究開発の人が、成果物を生みださなくても、毎日毎日の開発業務というものにも給料は出ます。

私もサラリーマン時代はその恩恵《おんけい》に浴していました。もちろん、成果がだせないときの社内での居心地の悪さはよく分かります。いわゆる「針のムシロ」状態です。泣きたいぐらいつらいときでも給料日になると定額は振り込まれていました。当時はそれが当たり前だと思っていました。

自営業は自分で好きなことをやっているという面は確かにあるのですが、好きなことをやって、生計が成り立たないというのもつらいものです。仕事を受注してもその場でお金が入る訳ではないですからね。納品して、請求書を起こして届けて、相手（お客さん）が支払ってくれて、はじめて収入です。そこまでの時間は収入なしです。

今の会社が死にたいぐらい嫌でないのなら、生活のことを考えると、そのままお金が入る仕組みを大事にしたほうがよいのではありませんか。会社が変わると、嫌なことから逃げられるかもしれませんが、その会社でよかったことも捨て去ることになります。そして、次の会社で別の嫌なことが待っていることをお忘れなく。

今の会社での嫌なことも所詮《しょせん》は一週間のうちの五日。毎週、一・二・三・四・五日頑張って、六・七は休んで、また、一・二・三……と、割り切って過ごしていくのも生き方のひとつです。とはいえ、そう理屈どおりに割り切れないから悩みますね。そうなると、割り切れなさをどこまで自分が許容できるかの見極めです。逃げずに、真正面から、ガチンコで自分を見つめ直すことが必要です。

突然契約を切られたとき

幸い、出向を含めて一五年余りで五社の勤務経験をした私ですが、解雇された経験はありません。転職はその全部が自らの意思によるものでした。「辞めてくれ」ではなく「辞めさせてください」だった訳です。プロ野球の世界では、自分から辞められる奴は幸せだと言われるそうです。ほとんどが、球団からの戦力外通告でその選手生命を終えるといいます。

さて、私ですが、このままクビにならないことを貫き通せたらよかったのですが、そうはいきませんでした。独立開業して鳴かず飛ばずだった私は、幸運にもあるきっかけで、ベンチャー企業の人事コンサルタントとして顧問契約を結ぶことができました。タレントの仕事にたとえると、それははじめてのレギュラーみたいなもので、即、収入の安定を意味しました。

廃業へと追い込まれる寸前の私にとっては、この契約を得られたことは起死回生《きしかいせい》のことだったのです。契約書に調印《ちょういん》した帰り道、駅のトイレで安堵《あんど》して用を足しながら「よかったぁ〜、これで仕事を続けられる」と心の中で叫んだことを今でも明瞭《めいりょう》に覚えています。

ベンチャー企業で成長途上の会社は、人の出入りも多く、毎日が変化の連続でした。この会社へは平均して月に四～五日の訪問でしたが、朝、うかがってから、何だかんだと対応して、帰るのが夜の二三時過ぎということもありましたし、人事関連のトラブル発生ならすぐに駆けつけて、経営者の悩みに月月火水木金金、二四時間態勢で電話にも応えるなど、私のすべてを投じてこの会社の成長のために取り組んでいました。

ここもオーナー会社でしたから、オーナー会社をよく知っていた経験が大いに役に立ちました。そして、五年の年月が過ぎ、六年、七年とときを刻んできたころ、このベンチャー企業はちょっとした中堅企業へと変貌《へんぼう》を遂げていました。新卒入社の社員も育ってきて、ロイヤリティーの高い安定した組織が出来上がってきたころ、私は顧問契約を突然、解除されました。

自分がいなくても、大丈夫になったのは嬉しかったのですが、クビになるのはつらいものでした。どんなに言葉を尽くされても、クビを切られるのは大変な衝撃でした。今でこそこうして語ることができますが、精神的なショックから完全に立ち直るには二年の月日が必要でした。でも、その経験を通して、強がりではなく、よい体験ができたと思っています。クビになること。戦力外通告をされる側の気持ちというのは、自分がそれをされてみないと絶対に分からないものだからです。

言われるほうは、まず間違いなく、「自分はまだまだやれる」と思っていますから、それをまったく認めてもらえないという事実にへこみます。さらに、もはや、邪魔だと言われているることがへこみに追い打ちをかけます。企業で、人事担当をしていたとき、そして、この会社の顧問コンサルタントとして、退職勧奨業務を何件かやり、通告するほうのつらさは身に沁みていたのですが、されるほうはその何倍ものつらさでした。

そのあとの私にはさらに試練が続きました。今度は経営者としての立場での私です。将来を担ってほしいと楽しみにしていたスタッフに去られるということが起きました。組織の構想は一瞬で吹き飛びました。

「辞めさせてください」と申し出る経験をしていた私が、その後「辞めてくれませんか」を突きつける経験をして、そして「辞めてください」と通告されるのを経験し、最後は「辞めさせてください」を申し出られる。こういうのは、自分から言っていくほうがダメージが少ないです。受け取るほうは本当につらいものがあります。

自営業の父が子に独立自営を絶対に勧めない訳

私事で恐縮ですが、私には子どもが三人います。皆、社会人として働いています。三人のうちふたりが組織に所属しています。そう、サラリーマンです。全員が、自営業には進みませんでした。長男は、会計系のコンサル会社に勤務していますので、将来は独立すると言いだすかもしれませんが、長女は三年半の会社員経験を経て、今はうちの会社の一員です。次男はあるメーカーの社員です。ちなみに、子どもたちの就職活動時に「自営」の二文字はまったくありませんでした。

私は自営業に転じて、世の中の芸能人やタレント、プロスポーツ選手などの親御さんが、自分の子どもが同じ道に進もうとするのを大反対する場合がままありますが、その理由が、ほとほとよく分かるようになりました。考えてみれば、こういった職業の人たちは、所属プロダクションやチームから月給という固定給をもらっていることがあるにしても、基本的には「個人事業主」といわれる人たちです。収入はいいときもあれば、悪いときもある。この不安定さが反対される大きな理由ですが、私には勧められない理由が他にもあることが、自分の自営業の経験からハッキリと分かったのです。

それは、「再現性」がないということです。親が出会えた幸運は遺伝しないのです。親がやってみてうまくいったとおりに、子どもがやればうまくいくとは限らないのです。

うまくいくことなんてほとんどないのだというのが私の実感です。自営業でたまたまうまくいった親でさえも、振り返ってみれば、あのとき、あの人に出会っていなかったらとか、あのオファーがなかったらとかを、考えてみれば、それは計画的に仕かけて呼び込んだから来たものでは全然ないことに、しみじみと気づくのです。

人には感謝の気持ちを忘れるなだとか、常にポジティブにとか、抽象的なイメージを伝えるのが関の山で、それさえも子どもの歩もうとしている人生の成功を呼び込むことに合致《がっち》しているとは断言できないものなのです。

このとおりにすれば、〜のようになるという「法則性」もないのです。親の一代限りの成功エピソードというのが現実です。

そこへいくと、サラリーマンは、しっかりした会社に入れたとしたら、会社はすぐに潰れはしないでしょうから、給料・ボーナスも支給されて、福利厚生、有給休暇もある。食っていける目途《めど》が圧倒的に立ちやすいのです。自分と同じ苦労をさせたくない親は間違いなく、サラリーマンを勧めたくなるのです。そういった意味では長女が折角得たそのコースを捨てて、自営コースを歩むというのは、親としては複雑なものがあります。高校を中退したタレントが、子どもの教育には熱心で、中学受験させて、一流大学に進ませて、大企業や官庁に勤めさせたがる気持ちが私にはホントによく分かります。

たまたま、どういう訳か、なんとか成功して、今、このような環境の中で人並みの生活をしていくことができている。

これが、一般的な自営業者の心境です。明石家さんまさんの名言「生きてるだけで丸儲け」の言葉に深くうなずくことができるのです。

人に指図されて、嫌なことをやるだけのサラリーマン人生なんてまっぴらごめんだという気持ちだけで、会社を飛びだしてしまうと、好きなことをやろうとしたのが、全然、食っていけない人生となります。そして、もっと嫌なことをやらなければならないサラリーマン生活に戻らざるを得なくなる。本末転倒《ほんまつてんとう》というものです。

転職を失敗し続けると、嫌々度数の上がる仕事に就く可能性が高くなります。そして、悲しいことに、嫌な度合いは上がっているのに、辛抱《しんぼう》することが大きく多くなっているのに、入ってくる収入は減っていくのです。

転職はリスクマネジメントの感覚を全開させて、じっくりと考えてやることです。

「チャンスの前髪を逃すな」という言葉もありますが、それはしっかりした考えを持っている人だから当てはまることです。考えを持っていない人は逃したほうがいいものを掴《つか》んでしまいます。そして、うっかりと〝地獄への道〟を進んでいってしまうのです。

「会社が……」にあなたは入っているのか

サラリーマンから自営業者に転じて、早いもので、一六年を優に過ぎました。サラリーマン生活は通算、一五年と数ヵ月でしたから、自営業者としての日々のほうが長くなってしまいました。とはいえ、サラリーマンの感覚はそう簡単には消えるものではなく、また、研修講師として、日々サラリーマンの方々に接して、その応援をしていますので、現代の様子もリアルには感じられていると思っています。

そんな私ですが、サラリーマンの方が自社での仕事のことを語るときによく使っているあるもの言いがとても気になっています。それは「うちの会社ってそういうことあるよね」だとか「だいたい、うちの会社はいつも冷たいよな」「会社として、そこはしっかりやってほしいな」というように、「会社が……」と表現している部分です。オフィス街の近くの居酒屋には、夜な夜な、同じ会社の人たちが何人かで訪れます。そういうときはだいたい、自社の話をしだしますね。自社の評論家は至る所にいます。

職業病ですかね、私は知人と食事に来ていても、近くのテーブルで、そういう自社評論の話を声高にしている一群と出会うと、自然に聞き耳を立ててしまいます。話に熱を帯びるほど、描写は細かく、表現も刺激的になるので、下手をすれば、知人との話そっちのけで、そちらに集中してしまうことさえあります。知人に、または知人からも「おいおい、あそこの会社たいへんそうだね」と声が出てしまうこともあります。

さて、ここでクールなサラリーマン観察家としては、何が気になるかというと、この手の話は「会社が……」「会社が……」と連呼しているのですが、話している内容は自分ごとではないということです。当事者意識が薄いともいえます。どこか、ゾーンの外に身を置いて、論評や批評をしているのです。傍《そば》で聞きながら「そんなにひどいのなら辞めれば」と、その人たちに言いそうになることもあるのですが、さすがにそれは自己規制をしています。

面接官をやっていた会社員時代に、こういう人がよくいたのです。前職の退職理由を訊くと、前の会社の悪いところのオンパレード。えんえんと聞いているうちにこちらの気分も悪くなってきます。「この人、うちの会社に入っても、同じようにこんな悪口言うんだろうな」自分の中の心の声が出だします。この瞬間から、面接官はこの面接をいかに早く終わらせるかを思案しだすのです。

求人側が欲しいのは、自分が所属するチームの悪口や至らないところをあげつらう人ではなく、よくないところを自分でよくしていく人なのです。

「会社が……」というときに、関係者として自分を数えていない人は、不満分子にしかなれない人なのです。これは、本人が自分の言動《げんどう》の意味合いを理解できていないのがイタイところです。

自営業になってからサザエさんが憂鬱にならなくなったのはなぜ

サラリーマンから自営業になって気づいたことはいろいろあるのですが、日曜の夜が憂鬱《ゆううつ》にならなくなったことは驚きでした。憂鬱にならないといっても、月曜に難しい仕事を抱えていたら決して気持ちは明るくはないです。むしろ、暗くて重いものです。でも、それは「ストレス」というより「プレッシャー」というべきもので、「ストレス」とはまったく異質なものでした。

思い返せば、サラリーマン時代の私は、日曜の昼を過ぎるころから憂鬱モードがはじまっていました。テレビで、サザエさんのオープニングのテーマ曲が流れると、もういけませんでした。おまけに、そのあと、当時放映していた淀川長治《よどがわながはる》さんが解説していた『日曜洋画劇場』がはじまると、もうこの世の終わりのような心象風景でした。

何が私をそこまでにさせていたのでしょうか。その昔の私は、日曜日の夜の日記に、「明日から俺はまた俺でなくなる」というようなことを書いていた記憶があります。我《が》が強いと言われればそれまでなのですが、そこまで思うぐらい自分の意に沿わない仕事をしていたということでした。

こう書いていると、私のサラリーマン時代はどこを切っても暗黒時代のようですが、わずかですが、出社するのが楽しみなこともありました。それは、仕事の内容や進め方に納得がいくときでした。会社がよかったのか上司がよかったのか、それは、自分の考えを受け入れてくれていた状況にあったと言ってもよいでしょう。

要は自分の考えを全く入れることなく「言われたことを文句を言わずにやれ」というのがどうにもできないのです。自分が納得しないままやるのもダメ。自分が決めることができないのも然《しか》り。これではサラリーマンはできません。でも、我慢して、一五年はやったのでした。

でも、一回、そこから離れてしまったら、もういけません。えらいことです。自営業が立ち行かなくなっても、私は会社勤めはできないでしょう。路頭《ろとう》に迷うのは必至《ひっし》です。かくして、懸命に自営業を続けるべく、努力をし続けないといけないのが、今の私の姿となったのでした。

死んでも会社を辞められないにならないために

最近は過労死《かろうし》がニュースにでることが多くなりました。自殺してしまった。部屋で死んでいるのが発見された。ニュースで伝えられる事実はどれも痛ましいものばかりです。また亡くなったご本人もつらいでしょうが、残されたご遺族のことを思うと言葉もありません。

ことが起きた後で、「死ぬよりはましだろう。なぜ、辞めなかったのか」の声も出るのですが、会社ワールドというところは、そういった冷静で客観的な感覚を麻痺《まひ》させてしまうことがあるのは私のこれまでの経験から分からないでもありません。

発熱して体がフラフラしていても会社にいこうとする私に、「あなたの代わりは会社にいるから、今日は休んで」と妻は言いました。「なにを！（俺がいかないと仕事はどうなるんだよ）」と反駁《はんばく》しそうになりましたが、本気でそう言われると、「それもそうだな。まっ、なんとかなるか」の気持ちが湧きでてきたのも事実でした。そこで冷静さを取り戻したのです。

まったく自分の意に沿わないどころか、コンプライアンス（法令遵守）上問題がありそうな仕事に従事させられていたときも、「いくらなんでもこれはまずいのでは」との気持ちが出てきたのを誤魔化さずに対処できたのは冷静さを取り戻せたおかげでした。もちろん、ものごとはそんなに単純なものではありません。大事な日に病欠すればペナルティーはあるし、社会に従わないということは退職を意味し、それは経済的な苦境に陥ることにもつながります。そういうことをする人間は自らの運命を変えるために、応分の負担をせざるを得ず、ただでは済まないのです。

一時的な苦境に陥ることになっても、それを恐れることなく、自分の心身に悪い影響を与えているものにはちゃんと向き合う必要があります。自分を理解してくれていて、なんでも聞いてくれる人をもっておくことも必要です。そして、その相手の人が感じていることをまっすぐに受け止めること。自分のことをよく分かってくれていて、自分のことを思ってくれる人であれば、自分が疑問を感じながら無理をしていることは必ず見抜いてくれるはずです。

過労死で亡くなった方の遺族が悔やむのは、ひと言「苦しい」と聞くことができていたら、「そこまで頑張らなくていいんだよ」と救ってあげられたのに、との思いです。

渦中にいるから巻き込まれる。自分を思ってくれる人が渦中から一時でも引っぱりだしてくれるだけで、冷静さを取り戻せるのです。

仕事のキャンセルは一本のメールでいとも簡単に

自営業に転じて半年が過ぎ、七、八ヵ月が過ぎ、ようやく仕事がちょっぴりまとまって入りだしたころでしょうか。独立当初の仕事がまったくない状態から脱却《だっきゃく》したのは嬉しいことでした。月間売上ゼロの恐怖はたいへんなものです。

縁あって、某大手会社の店舗窓口の営業担当者向けのセミナーの担当講師に加えてもらえることになりました。二日間のセミナーを月に、一〇本から二〇本実施していて、それを三人の講師でまわすのはたいへんだということで、運よく、四人目として私が加われたというものでした。登壇日程は半年先ぐらいまでを決めますので、早い話が、月に二回から三回（稼働ベースでは四日から六日）の予定が立つということです。

これは当時の講師稼業駆けだしの私にはとてつもなく有り難いことでした。半年先までは、予定ゼロ即収入ゼロがないことが見通せるのです。いわば、レギュラーの番組を得たタレントのごとく、独立開業してはじめてのプチ安定気分を味わうことができました。ところが、世の中そう甘くはありません。

来月は三回出講、六日稼働となっていたある日のこと、一本のメールがきました。クライアント（某大手会社）の都合で、来月の予定はキャンセルさせてほしいとの連絡でした。一ヵ月を切る時点で、キャンセルされても、研修講師という仕事はそんなに急に入るものではありません。「来週、研修したいからよろしく！」と頼んでくる会社などないのです。キャンセル料をもらったら、とも思われるでしょうが、要求すれば、何がしかはもらえるかもしれません。でも、得た少ない金額の代償は次回からの出番がないことになりかねません。なんだかんだ言っても発注するほうが強いのです。

メールのあと、電話はしてみましたが、それは事態の確認という意味合いを超えることはありませんでした。「また、機会がございましたら、よろしくお願いいたします」と力なく答えるのが精一杯でした。個人事業主の自営業はこんなものです。電話を切ったあと、さて、来月見込んでいた売上金額の穴をどう埋めようか。そして、私は途方に暮れていたのでした。

どうやっても生産性の上がらない商売というのもある

研修講師なんて仕事をしていて、カフェも経営しているなんて自己紹介をしていると、研修会場で年に何人かから質問というか相談を受けることがあるのですが、それが、研修内容ではない場合がでてきます。

それは、「センセー、私、会社を辞めて、喫茶店をやりたいと思っているのですが、ちょっと教えてくれますか」といったものです。要は、脱サラしてのカフェ開業の相談です。そういう場合の私の第一声は決まっています。「やめたほうがいいですよ。信じられないぐらい儲からないですよ」と、このように返すことが多いです。いい格好なんて絶対にしません。相談してきた相手は、そう言っても「えっ、とかなんとか言いながらホントは儲かっているんでしょ」と言いたげな表情をしている方が多いのですが、私は躊躇《ちゅうちょ》なく否定します。考えてみれば容易に想像ができるというものです。珈琲一杯で何時間もねばるお客さんがいたとしたら、どうなるかです。

たとえば、二〇席ある喫茶店のオーナーをあなたがしていたとします。珈琲一杯五〇〇円とします。二〇席が一回転（一回しか埋まらなかった。すなわち合計二〇人だけ）したとしますと、その日一日の売上は一万円です。それを月に二五日やったとして、月合計は二五万円。ちなみにこの金額は売上ですから、家賃、水道光熱費、材料費（珈琲豆）等を差し引くと、一体いくら残るのか。アルバイトを雇っていたとしたら、その人の賃金も払わないといけません。

こう考えると、サラリーマンが月給二五万円というのは大したものです。ここから税金、社会保険料が差し引かれるにしても、あとは使えますからね。しかも社会保険料は会社が半分払ってくれています。自営業者は国民健康保険と国民年金保険料を全額自己負担で払わなければなりません。

そして、将来の給付は厚生年金に比べて著《いちじる》しく貧弱です。零細な規模で商売をするということは現実には、こういうことです。リスクは全部、自分で引き受けないといけないのです。

さて、これぐらいの話をしてあげると、ほとんどの人の計画は、「夢」レベルに転換されます。

行き詰まった自営業者がくびをつる理由

物騒な話でまことに恐縮ですが、経営に行き詰まり万策《ばんさく》尽きた経営者は、会社を畳むしかなくなります。自らが創設した会社は自分と一心同体とまで思う経営者は、それを失うあまりのつらさに耐えかねて、自らの命を絶ってしまうこともあります。

嘘のような話ですが、行き詰まったら「最後は生命保険で清算や！」という言葉を聞いたことのある中小零細企業の経営者は少なくありません。清算しているころには、その経営者はこの世にいないのが、笑えない重過ぎる話です。

私は他に、知り合いの経営者の体験話の中で、金策に万策尽きかけたころに金融業者から「あんた、腎臓《じんぞう》はまだふたつあるんだろ」と言われたという話を実際に聞きました。その人は、腎臓を売らずに済んだから私にそのような話をしてくれたのですが、そういうことがこの世で実際にあるのだということが私の背筋を寒くさせました。サラリーマン時代にはまず縁のなかった話です。

念願の店を断腸の思いで畳まざるを得なかった店主がその店でくびをつってしまったという話も聞いたことがあります。傍目《はため》には、一旦は手放しても、また、がんばって取り戻せばいいじゃないかと思われますが、当人にとっては、その可能性を見出すことができなかったのでした。手放すことで、自分の人生がなくなると思ったのでしょうね。悲しいことです。

自分が好きでやっている自営業ですから、「自業自得」と言われそうですが、つらいことも沢山あるのです。

会社に所属しているということは、会社という組織でリスクに対処してくれているところがあります。無茶を要求してくるところもありますが、守ってくれるところもあります。なにごともプラスとマイナスが入り交じっているものです。

どこに住んで生活していくかを自分で決められるということ

心臓に響きまくるほどの収入の不安定さに日夜震える自営業ですが、よいこともあります。

大企業のサラリーマンのような収入の安定性はまったくありませんが、転勤がないことによる住居地の安定性には圧倒的に軍配《ぐんばい》が上がります。出張が多いとしても、転勤ではないですから、そのへんの心理的負担は月とスッポンです。

全国各地のみならず、海外も含めて事業を展開している大企業のサラリーマンの最大の関心事項は、自分自身の人事異動です。そして、これにはたいてい転勤を含んでいます。収入の安定性と引き換えに、居住地の不安定を受け入れざるを得ないともいえます。

「次は、どこに行かされるかな。ロシアかな」
「ロシアだったら、いいじゃない」
「えっ、寒いよー」
「地図見てもすぐにわかるところだからいいじゃん。俺なんかが行くとこは、すぐには分からないところだからね」

もう何年も前になりますが、世界的に事業展開している某る会社にうかがったときに耳にした、社員同士の会話です。辞令ひとつでどこへでも行くサラリーマンの壮絶《そうぜつ》さを表していると、今も私の印象に残っている風景です。

何の仕事をするかも分からず、どこに住んで生活していくかも分からない人生。こう表現すると「ザ・サラリーマン」は風雪《ふうせつ》吹きすさぶ試練に耐えて生きていることが分かります。世の中、たやすい仕事はありません。

心底、金のない実体験を

金はすべてではないけれど、なければそれはそれはつらいものです。脱サラし、独立開業してすぐに寒風にさらされて凍死しかけた私ですが、独立してすぐに仕事に恵まれなくてよかったと本当に思っています。いや、負け惜しみではありません。仕事がなかったことをつくづく実感できたからこそ、仕事にありつくことができた有り難さが身に沁みたのです。五《ご》臓六腑《ぞうろっぷ》に沁みたと言ってもいいぐらいに沁み込みました。その原体験は一五年余りを経た今も体内にしっかりと感触が残っているぐらいです。こういうのは、実際に深く体験しないと分からないものです。

乱暴な言い方に聞こえてしまうかもしれませんが、だいたい、人間、食うことに事欠くような状態になれば仕事の種類なんてとやかく文句を言っている場合じゃなくなります。せっかく職にありついているのに、それを替わりたいなどと言うのは、贅沢《ぜいたく》な話です。

片や、諸般《しょはん》の事情を鑑《かんが》みながら、自分にまったく合っていない仕事を生活のためという理由だけで我慢に我慢を重ねて続けているとどうなるか。

この結末が究極のところ、病んでいく中で、自らの人生そのものを強制終了してしまうことです。

あらためて言うまでもなく、生活全般の中に職業人生があるのです。職業人生の中に生活全般があるのではありません。そういう当たり前のことを判断できないところまで神経を麻痺させてしまうのが、会社の怖いところです。

最悪、失業者で無職になっても、自己破産して生活保護のお世話になったとしても、はっきり言える事実は、それでもあなたは生きているということです。こう言うと「生きているだけでは、仕方ないじゃないか！」との声がどこかから聞こえてきそうですが、「生きている」というのは人生はまだ終わっていないということです。終わっていなかったら、まだまだ挽《ばん》回《かい》は可能ということです。終わったら、もうはじめることは未来永劫《えいごう》ありませんから、この差はとてつもなく大きいのです。

頭の中だけであっても、最悪の状態をシミュレーションして、覚悟ができたのなら、今の状態を自分が我慢できる状態、いや、もっと欲張って、満足できる状態にまで変えていく力も出てこようかというものです。

著者略歴

一九六三年、兵庫県に生まれる。関西大学経済学部を卒業後、一九八六年にダイハツ工業に入社。その後、自動車販売会社（出向）・プラントエンジニアリング・外食・化学と合計五つの会社に勤務したのち、クリアマインを設立。社員数一〇万人超の大企業から一〇人以下の個性あふれるオーナー企業や、公益法人・行政官庁といった官民諸団体の企業研修・幹部育成まで、全国各地で研修、コンサルティング、講演を行っている。机上の理論だけに偏らない実践的指導力の講義が好評で、一年前からの予約が珍しくなくなっている。著書には『言いたいことが伝わる話し方のコツ』（総合法令出版）、『忙しい上司のための自分の分身育成術』（こう書房）、『先輩が部下になったら』（日本経済新聞出版社）、『小さな会社ではじめて管理職になった人の教科書』（秀和システム）などがある。
https://www.clearmine.com

会社《かいしゃ》を辞《や》めたいと思《おも》ったとき読《よ》む本《ほん》

二〇一八年五月一二日　第一刷発行

著者　門脇竜一《かどわきりゅういち》
発行者　古屋信吾
発行所　株式会社さくら舎　http://www.sakurasha.com
東京都千代田区富士見一-二-一一　〒一〇二-〇〇七一
電話　営業　〇三-五二一一-六五三三　FAX　〇三-五二一一-六四八一
編集　〇三-五二一一-六四八〇　振替　〇〇一九〇-八-四〇二〇六〇

装丁　長久雅行
写真　MINORU KIDA/ailead/amanaimages
印刷・製本　中央精版印刷株式会社

ISBN978-4-86581-150-6